司法审查的起源

Essays on the Doctrine of Judicial Review

〔美〕爱德华·S. 考文/著

徐 爽/编

目　　录

编者说明 /1

论司法审查的确立(上) /4

论司法审查的确立(下) /57

"马伯里诉麦迪逊案"与司法审查原则 /130

"马伯里诉麦迪逊案"的起航 /216

案件译名表 /254

编者说明

美国宪制的秘密,在于最高法院通过行使对国会及总统立法的合宪性审查,将政治危机、社会争议转化为司法问题;然后又通过司法判例的方式把解决方案还原回政治原则。这一独具特色的司法功能及转换机制,化解了可能出现的权力(包括党派)斗争、政治危机,维持国家政治社会生活的常态化、规则化、统一性和持续性,求得政治部门间的妥协与均势。在更大的背景下,我们可以看到,最高法院行使的合宪性审查,可以使其自身作为政治参与者进入到宪制体系内——这本身也塑造出了美国法律与政治传统——与其他部门展开有效博弈,以实现民意选举、议会立法、代议制政府、宪法至上等政治原则和机制的整合,并真正将"宪法至上"这一宪制原则活化于政治现实中。

司法审查机制既有如此功效,自1801年"马伯里诉麦迪逊案"为标志确立以来,一直是美国宪法学、政治学领域的重要议题。同时,由于司法审查权之起源及存在的合法性始终受到质疑,这也使司法审查机制成为美国宪制理论与实践中最富争议性的议题。两个多世纪以来,关于这一机制的研究成果几成浩瀚汪洋,令本国学者、更令研习美国宪制的别国学者望洋兴叹。

弱水三千,饮一瓢耳。本书对于司法审查的查考,辑选美国宪法史家爱德华·考文关于司法审查制确立之法律渊源及历史进程的姊妹论文两篇——《论司法审查的确立》、《"马伯里诉麦迪逊案"与司法审查原则》——厘清其原则、制度、权限之起源及根据。我们发现,尽管时代巨变,社会政治风向有如巨摆左右,然前辈由历史及宪法依据的路径,对司法审查机制所作探考,虽不敢说已达司法审查研究最高峰,诚足资正本清源之功效。其后百年间,最高法院在此领域的一系列案例以及宪法学、政治学界研究成果之迭出,毋宁说是以其愈加丰富的实证及理论研究,印证了考文的立论。

当然,考文的论证复杂繁琐,其在宪法法律条文、建国时期文献记录、英国普通法法治背景间爬梳推演,几成一迷宫。为防走失,我们亦撰文介绍,以为疏解。本书中《"马伯里诉麦迪逊案"的起航》一文,既可视为考文论文的导读与书评,同时也代表了编者对司法审查机制的观察与思考,读者可依照全书编排顺序索骥,也可先由此文开始,登堂入室。

徐 爽

2014年冬·蓟门桥

论司法审查的确立(上)*

刘宗珍丨译

格莱斯顿曾盛赞美国宪法是"特定时代集人类智慧与意志于一身妙手偶得的绝世之作",恰在此时,他却因其所谓"严重的历史错误"成为众矢之的而饱受争议,这番推崇美国宪法的美意也就被人们淡忘了。宪法之父的同时代人及后辈则这样评价他们的这部作品:"源

---

* 爱德华·考文著《论司法审查的确立》一文分为上、下两篇,分别首发于《密歇根大学法律评论》第9卷第2期、第4期,此为上篇。Edward S. Corwin,"The Establishment of Judicial Review I", *Michigan Law Review*, Vol. 9, No. 2 (Dec., 1910)。译者:刘宗珍,中国政法大学宪法学博士,美国埃默里大学法学院访问学者。

于政治天才,出自造化之手。"后来,无论是源于历史法学派萨维尼门徒的影响,还是受进化主义论的支配,抑或是,正如同英国作家对英国宪法所怀有的爱国情感那样,人们冀望宪法能够契合历史精神与美国人民的需要,作家们已经习惯于将宪法首先看成历史和经验的产物,并通过追寻宪法之父,去探求那些实质性的然而却更为中庸的价值,而这些价值仅仅是对习惯和惯例结果的认可。这都是基于相似的持久性因素的考虑。我认为这种看法既存在一定程度的讹误,也反映了部分事实。宪法之父并不是乌托邦主义者,他们在制宪的早期尝试中必然经历过幻想的破灭,也深知会受到各种可能性的限制,因而所有这些因素都不足以证明宪法之父不受其所处时代以及那个时代思维方式的影响。华盛顿在1783年写道:"在选择政府形式的时候,我们有丰富的历史遗慧可供使用。"[1]这正是十八世纪理性主义的姿态:对人类的经验和理性充满自信,信仰制度救济的有效性,尤其坚定地认可政治科学的有用性,并深信人类可以掌握这门科学。这就是十八世纪最后二十五年间——迄今为止政府所经历的最伟大改革的一个时代——的观点,就是宪法之父的观点。他们相信人类理性可以有效阻止事件发展的草率性而将之导入既定轨道。他们没有在"有机的"(organic)和"人工的"(artificial)之间划出一条是非曲直的界线,因为在他们的头脑中完全没有这样的分类。通过对普鲁塔克的阅读,他们自信能够复制莱库古和梭伦的成就,能够在一个国家建成这样一种政治实体:它符合这个国家的基本精神,满足其基本需要,进而这个政治实体将会超越建立在自然与理性而非强力或运气基础上的现存的所有政治实体。[2] 既然宪法之父持有的是这样一种理念,那么,理所当然,他们对于过去的感恩则更多是一种理念的承继而非制度的沿袭。也由此,他们无论从过去借鉴我国宪法体系中的哪一方面,比如联邦主义、分权制衡、司法审查,我们发现,这种借取都不是以通过实践将原有制度加以改造这种方式进行的,他们借取的仅仅是原生理念。

司法审查就是一个很好的例子。在这个问题上,认为美国宪政史是以理念为背景的人(比如我本人),和坚持美国宪政史以制度为背景的人各执一词,莫衷一是。持后一种观念的人指出了这样一个事实,殖民地立法机关有时在本源意义上仅仅是贸易公司的董事会,而公司事务则由公司章程加以规制。他们将此一事实看作是美国"立法权应受限制"这一理念的起源。他们也经常援引与此相关的"温斯罗普诉赖齐米亚案"(Winthrop v. Lechmere),在该案中,英国枢密院于1728年否决了康涅狄格的一项立法,理由是它违反了殖民地宪章的规定。这一观点的症结在于,持此观点的人认为没有必要证明本应受到约束的人对此已经知情。以"温斯罗普诉赖齐米亚案"为例,枢密院将宣布康涅狄格立法无效的这一行为视为立法行为而非司法行为,即使完全不考虑这个事实,这个案子也完全不为那些促成司法审查者所知。这种看法也是出于相似的理由。确实,我们的革命先辈认为立法权是有限的,但这里的立法机关,他们特指的是英国议会。然而,需要指出的是,这正是问题的关键。美国人所运用的理念来源于他们殖民地时期的立法经验,完全忘了或根本没有意识到来源本身给理念应用带来的局限性。就此立场来看,有一种情形十分致命,那就是,议会中支持美国诉讼的辉格党人(包括在那个时期屈指可数的大律师卡姆登勋爵)也同样认为,英国议会本身的权力是有限的。那么,那时这些人是如何认识到这一点的呢?事实上,所有的直接证据都显示,立法权有限的理念是建立在我们称之为"基本法"(fundamental law)的观念之上的,这和美国的殖民历史没有丝毫关系。这一观念可以远溯至《大宪章》之前,为议会打击斯图亚特王朝的嚣张气焰奠定了理论基础,也为洛克论证1688年光荣革命的合法性提供了理论依据。《宣示法案》(Declaratory Act)表达了议会权力不受限制这一相当具有挑战性和现代性的思想,可就是在法案通过之时,议会权力有限性这一理念在英格兰也颇为强盛。[3]

与司法审查之基础相关的直接证据同样非常确凿。所有与之相关的法律制度和原则,最终都可追溯到柯克法官(Lord Coke)在伯纳姆医生案(Dr. Bonham's Case)中那段著名的附议[4]:"我们的案卷显示,在许多案子中,普通法会审查议会法案,并且有时还宣布其无效;因为,当议会法案违反了'普通法上的权利和理性'(common right and reason)之时,普通法有权审查该法案并可宣布其无效"。柯克紧接着又引用了一些例子和判例来巩固自己的观点,近来的研究表明他的这些引用均非常确当。[5]更值得一提的是,柯克的继任者在裁决案件时重申了此附议意见,政治评论家也认为该附议具有十八世纪中叶以来制定法的所有特征。因此,多年以后,霍巴特勋爵(Lord Hobart)写道:"若议会法案违反了自然公正……其本身是无效的。"[6]二十五年后,据称霍尔特勋爵(Lord Holt)曾说过[7]:"柯克法官在伯纳姆医生案中的意见绝非夸大其词,实乃真知灼见,因为如果一项议会法案规定同一个人既是当事人又是法官,这一法案无疑是无效的。"诸如此类法律应当如何制定的观点,在培根最初出版于1735年的《案例选编》(Abrigement)中,在后来被奥提斯引用的维纳(Viner)出版于1741至1751年间的《案例选编》中,以及1762至1767年间的《康明文摘》中(写于发表前20年),都有相应论述。[8]

多年以后,杰斐逊在追忆革命前夕那段岁月时曾写到:"《柯克论利特尔顿》(Coke Lyttleton)是当时学生们普遍使用的法律名著。没有哪一个辉格党人比柯克更聪明而出过这样一本书,也没有哪一位更深谙英国宪法或'英国人的权利'之正统理论而写得出这样的书。"然而,柯克对殖民地的影响还可追溯到更早的时期,以至于我们可以在1688年的书刊中读到"马萨诸塞人大量引用了柯克勋爵的观点"。早在"吉丁斯诉布朗案"(Giddings v. Brown)[9]中,柯克勋爵的附议就得到了实际运用(而这种情况在英国从来没有发生过),即使被推翻的仅仅是一个市镇会议通过的法案。马萨诸塞的某一城镇投票决定为镇长提供住宅,居民为此负有纳税义务。因为拒绝纳税,原告的财产遭到扣押。地方治安法官基于以下理由作出了有利于原告的判决:"上帝和自然赐予人民的基本法不受侵犯。财产权就是这样一种权利。在本案中,个人财产权的转让未经本人同意,该城镇的决定违反了基本法,因而无效,由此,扣押财产行为是非法的。"这个判决之所以有趣,在于其不仅暗含着美国司法审查兴起的先兆,而且,至少在我看来,是对所谓美国宪法中具有"民约渊源"(folk-origin)地位的那句谚语的最早阐述,即"非经甲之同意不得将其财产转让给乙"。卡德瓦拉德·科尔登(Cadwalader Colden)[10]在1759年的著述中曾不经意间提及"宣布法律无效的司法权"。我认为,这并不能证明在美洲殖民地时期就真的存在什么司法审查权,他很可能引用的正是柯克勋爵的附议。

1761年2月詹姆斯·奥提斯(James Otis)在波士顿"搜查令状"一案中的法庭辩论,标志着美国宪政史的开端。很多年以后,亚当斯写道:"最初的独立就是在那个时候那个地方诞生的。"他或许应该接着说,也正是在那个时候那个地方,美国宪法理论诞生了。案件的争点在于,英国海关官员,特别是一个叫帕克斯顿的,是否应该被授予一般搜查令来搜查走私货物?撒切尔和奥提斯都反对对波士顿商人执行一般令状的搜查。撒切尔的意见是此类搜查令状并没有任何议会法案的授权,而且,前提是受理令状申请的法院无权批准搜查令。奥提斯的矛头则从另外一个方面直击最为本质的问题。[11]

他认为,这些令状是否获得议会法案的授权无关紧要,因为这样的议会法案是"违反宪法"以及"自然公正"的,所以无效。"如果一项议会法案含有类似请求的内容,它必然是无效的。执行法院不得适用此类法案。"[12]奥提斯这一主张的重要性在于,他对柯克勋爵附议的引用恰逢其时,注定会引起广泛关注。1765年,哈钦森总督在反对《印花税法案》(Stamp Act)时说道:"当下,最主要的问题是该议会法案违反了《大宪章》,也违反了英国人的自然权利,因此,正如柯克勋爵所说,该法案是无效的。"奥提斯不止一次重申他的观点,时任书记员的约翰·亚当斯也如实进行了记录。直到1776年战争爆发,库欣大法官指示马萨诸塞的陪审团要忽略某些作废无效的议会法案,亚当斯为他的这一做法而感到欢欣鼓舞。[13]

与此同时,奥提斯所主张的学说传到国外,并扩展运用到其他问题的解决。我尤其记得乔治·梅森在"罗宾诉哈德威案"(Robin v. Hardaway)[14]中的法庭意见。这个案子发生在1772年的弗吉尼亚,托马斯·杰斐逊对此曾做过报道。本案中的原告,也就是麦迪逊的当事人,是一些印第安妇女的后人。这些妇女被商人在不同时间带到弗吉尼亚,依照1682年通过的集会法案被卖为奴隶。麦迪逊把他的论点分出四个标题进行阐述,第一个标题是"违反自然权利的法案本身是无效的"。"如果自然权利、独立自主、不完善的代表制和拒绝保护原则都不足以使他们免受我们法律的强迫,"他反问到,"那我们还能依据什么原则来反对最近英国立法机关对我们行使权力时制定的一些法律?他们假装只对我们征收了微不足道的一点税收;而我们却给我们自由的邻居带上了永被奴役的枷锁。现在看来,所有明显违反自然权利和公正的议会法案,根据我们的法律,自然是无效的;就事物的本质来说,必然也是无效的。自然法是上帝的立法,他的权威是地上任何权力都不得超越的……凡是违反自然法的人类宪法,从良心上来讲,我们是不应该遵守的。我们秉持正义的法院的司法裁决也一样。"梅森在最后陈述部分引用了柯克和霍巴特。法庭裁决撤销了1682年法案。

但是,柯克的附议仅仅是司法审查原则的原始依据,后来的依据则由成文宪法提供。[15]汉密尔顿在《联邦党人文集》第78篇阐述了成文宪法中的司法审查权,然而,马歇尔在"马伯里诉麦迪逊案"[16]中对成文宪法中的司法审查权的论证,却不尽人意,而在"坎珀诉霍金斯案"(Kamper v. Hawkins)[17]中,弗吉尼亚的法官们则最大限度地将其论点集中在以下几个方面:首先,宪法来自于人民,是基本法;其次,立法机关的立法仅仅来自于人民的代表;第三,宪法是法律因而可由法院加以适用。对上述这一观点进行历史评价会非常困难,因为这迫使人们必须严格区分所使用术语的现代含义及其彼时在法庭意见中的含义。这里的困难当然也在于尝试对制度作出历史性的阐释。正如白芝浩所言:"语言是民族的传统;每一代人都在用从过去流传下来的词汇描绘今日所见的事物。"但像摆在我们面前的这个案子,困难甚至更大,因为我们所要解决的争议,正是由词汇在不改变形式的情况下容纳新含义这个问题引起的。

毫无疑问,宪法从一开始就被看做是基本的(fundamental),在某种程度上也被认为是来自于主权者人民的;但这两种见解在当时并不具有我们今天所讲的因果关系。就像英国宪法一样,宪法的根本性关乎其内容,而不在其渊源。同时,宪法又被看做是来自于人民,但这里的"人民"是指集非凡性与革命性为一体的作为主权者的人民,他们打破了过去所有的政治纽带,建立了一个全新的社会。然而,新社会一旦建立,除非在选举的时候,"主权者人民"如果不体现在立法机关中,又在哪里呢? 因为在早期的州宪法中,立法机关几乎是万能的。这种假设并不必然意味着立法机关可以修改宪法。

正如《马萨诸塞州通函》(Massachusetts Circular Letter)[18]在提到"议会应该在英国宪法之下"时所言,是主权本身使得议会在宪法之下,而这里的主权必然以宪法为基础,因为主权不可能在"不破坏自身存在的基础"的情况下修改宪法。当然,从柯克的附议出发,得出"司法审查是将立法权限制在现行成文宪法框架内的一种方法"这个结论,本来是相当符合逻辑的,但现在看来我们应当抛弃这个观点了,革命的州宪派恰恰认为,立法权因其直接对人民负责,能为宪法以及宪法权利提供最大可能的安全保障。一旦有违宪情形发生,人们可以行使投票权、请愿权,或许还可以成立宪法审查委员会,甚至行使最原始的权利——那就是《大宪章》中的革命权。

也有人认为,立法机关仅仅是由人民代表组成的,因此立法机关通过的法律也仅仅是由人民代表制定的,而宪法则是由主权者人民亲自制定的。就这种说法,有两类观点比较中肯。首先,正如我们今天看到的,最初的主权者人民已经不复存在,而作为一个高度虚拟的概念,拥有主权的人民很少能够身体力行地具体参与实际的立法过程。尽管制宪会议(constitutional convention)作为一种制宪机制逐渐得到应用,将这一拟制的概念再度变成现实,但它产生于司法审查建立之前,自身仍处于形成过程中,因此很难成为任何立论得以确立的事实基础。[19]然而,其次,如果立法机关仅仅是人民的代表,并不是人民自身,从法律上来讲,法院又是什么呢?汉密尔顿对这一问题的意见是:"假如说立法部门有权决定自身权力的合宪性问题,他们对立法权的配置凌驾于其他部门之上,有人可能就会说,宪法中没有任何特定条款会作出如此规定,因而这种推论是不合理的。如果把法院设计成在顺序上居于人民和立法机关之间的中间部门,在其他事项中,后者要受到其权力带来的限制,这种假设就合理多了。"但是在1787年,这种假定就更具有合理性吗？无论针对宪法的"特定条款"还是针对整部宪法，没有必要说这种假设就不是根植于早期州宪法中的观点。

但司法审查的倡导者进而论证道，对法律进行解释是法院的专属职权，而宪法就是法律。在这里，他又假定存在一些非同寻常的区别，并对词汇加入了其以前不具备的新含义来进行明确界定。与孟德斯鸠的格言相反，自1780年以来，对早期州宪法最主要的反对意见，是立法机关有权行使所有属于政府的权力。[20]但如果这样的话，假如司法部门偶尔解释宪法是理所当然的，也不会导致法院从立法机关手中收回最后的解释权，因为后者常常毫不理会法院对普通法律的司法解释。然而，紧接着的问题是，直接对宪法进行解释究竟是不是法院的职权？司法审查的支持者和反对者正是在此问题上争议不断。支持者主张，因为宪法是法律，也就是说，严格意义上讲，法作为一种规则体系或渊源，应该由法院强制实施。一经推敲,这种论点恰恰回避了问题,是问题本身的同语反复。[21]因为如果司法部门有权解释宪法而不受立法机关干涉,那么宪法就是一套可以直接由法院强制执行的规则体系;而如果宪法是这样一套规则体系,则对其进行解释,无论是不是最终解释,都属于法院的职权。尽管对法院可以有多大权限对立法机关采取行动,并在法律付诸实施之前进行解释,还存在长期争论,司法审查权的确立确实使宪法具备了法律属性,这是事实。另外一个事实是,司法审查权的确立,标志着它将享有最高立法权的制宪会议中的人民,和享有普通立法权的作为代议机关的立法机关区别开来。最终,它也同样标志着立法权和司法权的分野。但很显然,所有由此得出的结果都不足以构成从历史事实角度进行推论的前提。另一方面,我也不认为非历史性的假设能构成被曲解的成文宪法下的司法审查之基础,反之亦然。事实上,司法审查争议刚刚产生的时候,有很多概念还没有得到清晰的界定,因此,争议各方或多或少均可根据一己之需对这些概念进行定义。唯有时间方可检验哪一方的定义最终能跟制度本身相契合。

第一个真实的案例,也确实是唯一一个发生在1787年制宪会议之前的案子,是"霍姆斯诉沃尔顿案"(Holmes v. Walton)[22],该案是由新泽西最高法院于1779年11月审理的。在这个案子中,法庭大胆地拒绝适用一项议会法案,理由是这项法案违反了成文宪法的规定。新泽西州议会在前一年通过了一项立法,旨在禁止与敌方的贸易,授权相关部门扣押进出英国边境的所有物品,并且规定,所有跟扣押财产有关的案件应当由六人组成的陪审团审理。然而,1776年(新泽西)宪法第22条规定:"由陪审团进行审理的权利十分宝贵,这项权利应当得到殖民地法律的确认,并且永远不得撤销。"一个有趣的事实是,三年前制定新泽西宪法的那些人并没有司法审查的观念,他们反而将保存(他们显然认为保存很重要)宪法中最基本条款的任务建立在对议会充分信任的基础上。该宪法最后一条规定,议会的每一个成员都要宣誓,绝不支持任何想要撤销(或使之无效)第22条关于陪审团审理那部分的法律、投票或程序。但是,假如现在议会规定以六人陪审制取代古代普通法十二人陪审制,从而撤销(第22条的)该部分,假如议会已经这么做了,法院有权拒绝适用这一令人反感的立法吗?面对摆在面前的问题,法院花了十个月,也就是两个审期的时间,来考虑该如何解决。终于,1780年9月7日,法院还是作出了有利于原告的判决。遗憾的是,法官们给出的具体意见已经遗失,但综合所有情况,"蒙茅斯县60名居民"于几周后提交到众议院的请愿书,很可能就准确记载了判决的理由。这份请愿书"抗议最高法院没有解决一些法律的违宪性问题,反而认为地方裁判程序是无效的,虽然这一做法严格遵循了所谓的法律,但却引起州内忠诚公民的不满,并给他们带来巨大损失。基于此,请求纠正"。而且,法官们敢将判决公之于世,似乎已经预示着几个月后他们将撤销这些法律。因为恰恰就在法庭辩论结束的第二天,1779年11月12日,立法委员会的某个成员获准提出一项修改《扣押法》(Seizure Act)的提案。众议院对于这一举动起先表示强烈反对,但最终达成了一个妥协方案:不是强制,而仅仅是授权初审法院采纳十二人陪审制。从该案本身的必要性来看,人们一定会觉得法官在"霍姆斯诉沃尔顿案"中故弄玄虚;从现行宪法的角度来看,是众议院而不是法官们在解释宪法。尽管本案在今天有多大影响力我们还不能确定,但在历史上它仍具有里程碑意义。五年后,为了阻止宾夕法尼亚议会废除国家银行章程,莫里斯州长在致议会的公函中,特意提到此案。[23]他写道:"新泽西曾经通过了一部法律,因被法官宣布违宪而导致其无效。确实,任何一个善良公民都不希望宾夕法尼亚法庭作出此类判决。法官的此种权力是危险的;除非这种情况只是偶尔发生,否则花在制定权利法案或确定政府形式上的时间就白费了。"另一方面,有证据表明,迟至1786年,罗德岛人才知道"霍姆斯诉沃尔顿案"。[24]

从1780年到1786年,成文宪法下司法审查的理念在法庭上仅仅被引用过一次,即1782年11月由弗吉尼亚上诉法院审理的"英联邦诉卡顿案"(Commonwealth v. Caton)[25]。该案中被质疑的法案是1776年《叛国法》。为英联邦辩护的总检察长伦道夫主张:"无论议会法案是否贯彻宪法精神,法院都无权宣布它无效。"该法案最终得到维持。但法官们普遍认为,如果他们发现受质疑的法案与宪法相冲突,就有权力宣布法案无效。博闻多识的威斯法官言辞激烈地主张:"假如受到抨击的整个立法部门试图超越人民授权的界限,作为执掌国家公共正义的人,我将利用本法庭赋予我的所有权力,指着宪法对他们说,这就是你们权力的边界,你可以走到这儿,再远一步都不行。"彭德尔顿就不那么信誓旦旦,他说:"准确地讲……此法案规定了公民的权利以及政府的形式,应当对每个部门都有约束力,在任何情况下都不应该有所例外。但是,法院行使这样一种并非由宪法明文授予的权力,能在多大程度上宣布一项议会立法无效,确实是一个既深远又重要的问题。我不得不说,一个至关紧要问题的解决,可能会产生诸位都意想不到的结果。"[26]

在1785到1786年间,有些州出台了财政立法,建立司法审查作为我国宪法体制中阻滞力量(retarding agency)的建议因此很快受到普遍关注。与此相关的"特雷韦特诉威登案"(Trevett v. Weeden)[27]有可能成为司法审查历史上比前述"霍姆斯诉沃尔顿案"更具现实意义的案例——尽管本案没有撤销任何一项立法。该案发生于1786年的罗德岛。根据一项议会法案的规定,任何拒绝以纸币票面价值进行商品交换的人将被处以

100英镑的罚款。该法案还创设了一个由三名法官组成的特别法庭,审理针对顽固债务人的起诉。一个名叫威顿的屠夫,由于拒绝将肉卖给用现金付款的原告而理应受该法处罚,后者立即依据该法提起诉讼。但是,因为一些无心之失,该案却阴错阳差地被直接诉至最高法院,而非由三名法官组成的特别法庭。因此,威顿的律师瓦尔纳姆为其代理人提出的部分主张,是受理法院没有管辖权,但其主要辩护意见则极其详尽地论证了该法案是违宪且无效的。他说:"《大宪章》保障每一个英国人都享有由陪审团进行审判的权利,该权利已经由罗德岛宪章加以确立;宪章赋予本地居民作为自由的和自然的主体所享有的一切自由,如同他们出生在英国本土一样。"当然,罗德岛现今早已独立,但这并不对问题本身造成影响,因为殖民地宪章已经成为该州宪法,而宪法是立法机关"非经破坏其自身存在的基础"所不能修改的。但是,在某些特殊情况下,到底应由谁来决定立法机关有没有修改宪法呢?"法官有权撤销、修正、修改或制定新的法律吗?""岂有此理!在那种情况下,他们就变成立法者了。""但是司法机关享有唯一的判断法律的权力,它不承认任何违反宪法的立法是法律。"法官们尽管非常认同瓦尔纳姆基于宪法角度的辩护意见,但还是以管辖权问题为由驳回了诉讼。然而,法官的谨慎并没有使他们逃脱被审查的命运,很快他们就被要求到立法机构去说明判决理由,因为人们认为事情的发展趋势是"废除立法权力"。法官们辩称自己在特定案件中是无辜的,尽管他们当中有些人太过直率地暴露了自己的真实情感。结果,第二年,有三个法官没有得到连任的机会。人们在制宪会议上经常引用"特雷韦特诉威登案",它诠释了州司法系统在面对立法敌意时的孱弱无力,而这一点恰恰为将某一宪法案件从州法院上诉到联邦最高法院的法律条款提供了最强有力的支持。

但是,"特雷韦特诉威登案"在另一层面上也非常重要:这是一个过渡性案例。从表面看,瓦尔纳姆将自己的立论建立在罗德岛宪章基础之上,但为了使这一法律文件能够支撑其观点,他实际上追溯了"英国人自由"的历史,回到柯克和洛克那里,去寻找自己想要的内容。形式上,他的证据主要是赞同成文宪法下的司法审查,但实质上,瓦尔纳姆对司法审查的支持,是建立于法院在成文宪法中认定的那部分"基本法"基础之上的。而且,确实,柯克的附议仍然极富生命力。1784年,康涅狄格发生了"辛姆斯伯利案"(Symsbury Case)[28],有趣的是,康州也保留了殖民地宪章(作为州宪法),仅对其作了细微修改。这是一起真正典型的早期司法审查类型的案例。法院基于一个早先的土地授权令,撤销了议会后来颁布的土地授权令,理由是普通立法机关的法案不能成为限制先在土地权利的法律依据。艾尔斯沃斯在制宪会议上的一席评论则揭示了该判决非常有趣的一面。麦迪逊记录道:"艾尔斯沃斯先生认为,没有任何一个律师、任何一个平民百姓不认为事后法本身是无效的。因此就没有必要禁止事后法。"[29]既然艾尔斯沃斯来自康涅狄格,我们完全有理由相信他把辛姆斯伯利案的判决铭记于心。

此外,在这一时期,柯克附议的影响从一个新的层面得到了巩固。美利坚现今是一个独立的国家,或者说是一些独立州的联盟,其国际法上的责任必须予以明确和维护。然而,这一时期国际法的主要渊源是自然法。因此,对国际法的研究不仅有助于加强对自然法的研究,反过来也有助于引起人们对国际法的关注。国际法的约束力在18世纪的法院得到普遍承认,其本身也构成对议会立法的潜在限制。然而,另一方面,与之(柯克)截然相反的一派观点,也在同一时期登上历史舞台。布莱克斯通的立法主权理论逐渐取代柯克,成为通行观点,导致以前对英国议会的描述此时被用到州立法机关身上。1783年发生的"拉特格斯诉威丁顿案"(Rutgers

v. Waddington)[30],便体现了新旧观点的第一次交锋。

该案原告依据所谓的《非法侵入法》(Trespass Act),针对被告的非法侵入行为提起诉讼,因为在英国占领纽约城的后期,被告侵占原告的建筑物。该法案规定,此类诉讼中的被告人"不得以任何军事命令或任何对敌行动命令为理由,来实施此类侵占行为",等等。被告的律师亚历山大·汉密尔顿连同其他人援引国际法赋予征服者(即本案中占领纽约城的英国指挥官)处置敌方不动产租金和收益权利的旧规定,否认任何特定州或国家的权利,旨在改变或废除国际法中那些企图剥夺外国人在居留国家依据国际法提起上诉权利的规定。法院的意见是支持原告并极力维护议会的至上性,与此同时又极力避免在这一特定案件中适用议会立法。法院认为:"议会的至上性毋庸置疑;如果他们积极地制定法律,没有权力能够限制他们。如果立法的主要目的已经被清楚地表达出来且立法意图很明显的话,即便在法官看来立法是不合逻辑的,他们也没有权力拒绝适用法律,否则的话,这将使司法权凌驾于立法权之上,从而颠覆整个政府架构。"所有这些法庭意见当然都直接出自布莱克斯通。紧接着,法院认为:"但是,当法律条文的表述使用的是一般用语的时候,如果这些一般用语所产生的附带含义是不合理的,则法官可以认为此种结果是立法者所不曾预料到的,因此有权依据衡平法对议会立法进行解释,也只有在这种意义上才可以忽略议会立法。"可以想见,这种极不坦率的行为遭到了抗议。除此之外,有人指出,诉讼发生时和议会立法通过时的国际法是相同的,因此,议会并非有意为之这种观点经不起仔细推敲。抗议者所要强调的重点正是法院极力讳言的问题:"我们认为,那种应该授权法院控制最高立法权的观点本身就是非常荒谬的。法院的这一权力必将毁灭自由,褫夺财产安全。在我们政府体制中,就其组织本质来看,我们对正义法院的设计目的是用来宣示法律的,而非改变法律。法官在任何时候偏离这种设计初衷,都是混淆了立法权和司法权。"实践也证明了"拉特格斯诉威丁顿案"的判决是失败的。汉密尔顿说:"因此,在对成功辩护不抱任何希望的情况下,有许多诉讼被提起,许多案子得到判决……许多妥协在此达成,也有数额巨大的费用得到偿付。"[31]

然而,一方面,鉴于时人已经以1783年条约为基础进行了一定程度的辩论,"拉特格斯诉威丁顿案"就变得非常重要。1787年2月23日,身在巴黎的杰斐逊写信给约翰·亚当斯,批评他把国会仅仅说成是一个"外交会议"。杰斐逊说:"因为我们国家的主权已经分立为若干组成部门,而其中有些部门须服从于国会。所以,我认为国会既有立法性又有行政性;如果不是《邦联条例》出于特殊目的要求他们任命一个司法部门,那么,我认为国会也应该具有司法性。一直以来,我国法院都将《邦联条例》看作是我国法律体系的一部分,且其地位要高于普通立法,因为任何州的立法机关都不得对它进行修改。我怀疑国会究竟是不是外交会议。"[32]杰斐逊言下之意指的便是"拉特格斯诉威丁顿案"。该案因汉密尔顿的评论而得到澄清。汉密尔顿阐明了判决的实际作用,他的目的在于消除杰斐逊只关注判决的意义而形成的错误认识。其他人,不管是否受杰斐逊影响,显然都持有相同的印象。无论如何,1787年3月21日,国会宣布了投票达成的解决方案:首先,州的立法机关不得通过立法解释、限制或妨碍全国性条约的实施,"这些全国性条约已经成为邦联范围内法律的一部分,它们不仅独立于州立法机关的意志和权力,还对后者具有约束力。"第二,所有违背上述条约的立法都应被撤销。第三,对立法的撤销应当这样来进行:适用普通法和衡平法的法院,必须依据全国性条约的真正意图及含义来审查正在执行的国会立法,然后方能说"与之相抵触的立法"是无效的。三周后(也就是1787年的4月13

日),国会将上述解决方案以通函的形式发给各州,信中写道:"我国宪法对我们应该如何处理与别国的外交事务作出了规定,我们的义务,则是要保障他们享有在我们主权范围内依据神圣的国际法和国际条约所应享有的所有权利……因此,当某一条约是在宪法框架内制定、批准和公布的,它就在全国范围内具有约束力,应该不受州立法机关的干扰而被添附到国内法中去。"[33]我们很快就会发现这份通函的重要性。[34]

关于制宪会议,这里出现了四个问题:第一,制宪会议有没有赋予联邦司法机关审查国会立法合宪性的权力?第二,如果没有的话,那么制宪会议是否认为这一权力本来就是司法权的一部分?第三,宪法第六条第二段的立法意图是什么?第四,制宪者的意图是上诉案件应当由州法院提交到联邦最高法院吗?

第一个问题的答案是绝对否定的。宪法中能直接或间接推导出授予此种权力的唯一条款是第三条第二款,用的是"因本宪法所产生的案件"这一短语。《联邦党人文集》中,汉密尔顿和麦迪逊都对此作了解释,麦迪逊还在弗吉尼亚会议上对此短语作了阐释,用以强调缘起于州法律的规定而触犯宪法的案子。[35]而要想明确回答第二个问题,几乎不可能。制宪会议上的讨论触及了联邦司法权以宪法为依据审查国会立法的可能性问题。这个问题和伦道夫计划中第八解决方案的建议有关,他建议联合行政部门和一定数量的全国司法部门组成一个国会立法审查委员会(a council of revision)。格里反对这一建议,他认为司法部门将会从审查法律合宪性的权力中攫取充分的对抗干预力量。格里说,法官以自己的司法权能审查合宪性问题从而插手立法过程,这种做法是极为不妥的。这一观点在不同时期得到金、马丁、斯特朗、查尔斯·平克尼以及拉特里奇等人的声援或重申。另一方面,在那些支持成立审查委员会的人中,麦迪逊、威尔森和梅森都明确接受司法审查理念,却

35

又试图消减格里反对意见的影响力。威尔森认为,这一想法"很有价值","但法官的此种权力并没有走得太远。法律可能是不正义的……毁灭性的,然而,尚不至于违宪到使法官有权拒绝实施";对此,格里回应:"人民的代表而非法官才是人民权利和利益的守护人。"[36]因此,毫无疑问,在严格限度内,司法审查的观念被视为法院对抗立法越权的一种自卫武器,这一观念在制宪会议的成员中已经得到了长足发展。不唯如此,南卡罗来纳州的平克尼和拉特里奇还预见到,联邦司法部门将成为合众国和各个州之间的裁判。这一理念经麦迪逊在《联邦党人文集》中得到阐发。更有意思的是,该理念也由后来成为联邦最高法院大法官及助理法官的人在州宪法大会上表达过,他们分别是来自康涅狄格州的艾尔斯沃斯,弗吉尼亚州的马歇尔和宾夕法尼亚州的威尔森。[37]

不过,这只是问题的一方面。对成立审查委员会这一建议的争论,也引起人们对司法审查观念的强烈反对。特拉华的贝德福德是强硬的州权派,同时也理所当然的是立法权的坚定信奉者。他很早就提出:"我反对对立法权作任何形式的审查,更不用说设置审查委员会了……我认为在宪法中对立法权的职权范围作出界定就足够了,完全能给其他部门的权利提供必要的安全保障。人民代表是保障人民利益的最佳裁判,理应不再受任何外在的限制。"[38]马里兰的梅瑟也持相同观点,"他不同意这样一种学说,即法官作为宪法的解释者有权宣布一部法律无效。"特拉华的迪金森对这一评论印象极为深刻。他也赞同"这样一种权力不应当存在,与此同时却实在想不出有什么合适的方法来替代……州长莫里斯先生认为行政部门享有绝对否决权比较适合。"[39]不到两周后,制宪会议一致通过将"因本宪法所产生的案件"这一款加入到宪法中去,显然,其意图是不想将这一权力赋予联邦司法机关,因为制宪会议的部分代表不愿意承认这一审查权是归属于司法部门的。[40]

但有进一步证据显示,制宪会议的部分代表对司法审查持怀疑或者模棱两可的态度。当大会正在召开之时,北卡罗来纳州最高法院在经过一年的迟疑后,宣布"贝亚德诉辛格尔顿案"(Bayard v. Singleton)[41]中的《没收法案》违宪。这部法案制定于革命时期。该案原告的代理律师是詹姆斯·艾尔德尔,其辩护意见认为该法案是无效的。他的辩护意见一经发表,就引发了包括律师和非法律人的集体声讨,其中尤以北卡罗来纳方面最为强烈。我们知道,此时他们已经接受了议会主权理论。既然艾尔德尔已经胜诉,北卡罗来纳的代表理查德·多贝斯·斯佩特毅然决定支持败诉一方。1787年8月12日,身在费城的斯佩特在给艾尔德尔的信中说:"我觉得,最近纽伯恩的法官们作出的判决会引起任何一个有思想的人、一个对其国家怀有良好愿望的人最严肃的思考。我并不是想要维护这部有争议的法律。事实上,他们宣布哪部法律无效无关紧要,我想说的是,他们这么做就是在篡夺权力,因为我从不认为他们有这样的权力。他们在宪法中也找不到任何条款,不管是直接还是间接,支持或赋予他们那样的权力。而且,如果制宪会议赋予他们此类权力,这种做法不仅过于鲁莽,而且与全世界的做法背道而驰……(如此一来)我们的国家将不是由普通议会的人民代表所管理,而是完全受制于三个人的意志——他们联合自己人行使立法权和司法权,这是在欧洲都不曾出现过的君主专制……如果他们掌握了这一权力,那么谁又来制衡他们的所作所为?或者说,就像他们有权限制立法机关一样,谁又来限制他们,从而可以宣布法院判决意见的错误呢?"两个星期后,艾尔德尔在答复中并没有就司法审查提出新的意见,但却用一句话来解释其主张背后的真实原因:"我认为,在一个共和政府中,个人自由非常重要,如果对公共激情没有约束的话,个人自由就将陷入最大的险境。"[42]

然而,就司法审查的发展而言,制宪会议最重要的意义在于,它开始运用司法审查的理念解决联邦对州立法权进行控制的问题。[43]当母国对殖民地立法机关行使类似权力的时候,伦道夫的第六议案正是从殖民历史中借鉴了母国经验。该议案授权联邦立法机关可否决所有在它看来与《邦联条例》相违背的州议会立法。5月31日,制宪会议全体会议毫无争议地通过这一议案。6月8日,查尔斯·平克尼在这一问题上走得更远,他的动议是"联邦立法机关应当有权否决所有在他们看来不适当的法律"。第二个动议则由麦迪逊提出。麦迪逊以"各州在其权限范围内竭力压制弱势一方的情势"为例,敦促联邦政府有必要行使特权来控制各州的离心趋势。威尔森对此也深表赞同:"各州当然会反对来自联邦的控制,联邦自由之于他们,就如公民自由之于私人个体;如同未开化之人不愿意为了公民自由而放弃自然状态下的个人主权,各州也不愿意放弃他们的政治主权。"然而,整体对部分进行有效控制是必要的。来自特拉华的狄金森也非常认同这一点,如果不是受到狄金森盟友贝德福德关于可操作性的指摘,这一观点或许能走得更远。贝德福德关于可操作性的反对意见甚至浇灭了麦迪逊的热情。投票后,只有马萨诸塞、弗吉尼亚和宾夕法尼亚支持该动议。6月15日,帕特森提出"小州计划",即此前四月份国会通函中的第六方案。该方案规定:"美国国会的所有法律都依据其被赋予的权力且由此权力加以制定……美利坚合众国制定或批准的所有条约是各州的最高法,因此,上述法律和条约都将适用于各州或其居民;除非各州有相关法律另行规定,以上各州的司法机关应受其判决约束。"三天后,汉密尔顿提出了他的方案,其中第10条规定,所有州的法律,无论是违反联邦法律还是联邦宪法,都应完全无效。由联邦政府任命的各州州长享有对州法律的否决权。

联邦否决权问题又出现在7月17日全体委员会的报告中。即便报告中对这一权力作出限制,莫里斯也持反对意见,认为"这对各州来说将非常可怕"。谢尔曼对这一问题的讨论贡献最大。他认为没有必要设立这样一种权力:"州法院不会承认任何一部违反邦联权威的立法是有效的。"麦迪逊并不那么容易被说服,他说:"我们不能轻易相信州法院能够成为联邦权威和利益的守护人。所有州都会或多或少依赖其立法机关。在罗德岛,如果法官拒绝适用违宪的法律,他们就会被立法机关撤换而由他人代替,这些人将成为其主人邪恶而专断计划的实施者。"谢尔曼重申了他的观点:"此种否决权将产生一个错误的观念,也就是说,如果违反《邦联条例》的州法不被否决,它将是有效的、可适用的。"这项否决权提案因此以3∶7的结果遭到否决。帕特森提案中的建议又由路德·马丁提出并被无异议地采纳了。8月23日,自始至终反对联邦否决权的来自南卡罗来纳的拉特利奇提出了一项动议,要求在帕特森提案的最终版本中加入"本宪法"(the Constitution)这一短语。这里的"本宪法"意指美国宪法,而"小宪法"(the constitution)指的是各州宪法。

然而,联邦否决权的支持者还是不太满意。拉特里奇动议被采纳后,紧接着,平克尼以较为缓和的方式再次提出曾遭到否决的提议。各种常见的反对理由随之纷至沓来,其中威尔森的观点最让人信服。他坚定地认为:"只有州法官们的确定性是不够的,除此之外,更进一步的努力非常必要。"针对这一动议的表决结果仍然是5:6,于是平克尼又收回他的动议。但显然"更进一步的努力"的情绪却在增长。最后,到8月27日,康涅狄格的约翰逊博士提议,在详细的委员会报告中,于司法权条款中的"法律"前面加上"本宪法以及"这几个字。这个提议得到"一致同意,与会者普遍认为该条所规定的司法管辖权范围及于所有具有司法属性的案件"。实际上,从 22 日开始,大会已经开始着手制定对州立法权的具体限制措施。[44]

这一点正和我的最后一个问题密切相关。也就是说,上诉案件必须是从州最高法院移交到联邦最高法院,这是不是制宪者的意图?或者更具体一点,"因本宪法的规定所产生的"案子必须从州的最高法院移交到联邦最高法院吗?其后的事实证明,这样的意图并不存在,理由是此种上诉背离了州的主权,也背离了联邦内各州平等的原则。按照联邦主义原理,这一平等原则是联邦政府和各州共同秉持的。因为,根据这一原理,国会必须将州法院视为行使主权的平行部门(coordinate sovereignties),并且不得赋予联邦法院对州法院的强制权。从理论上讲,这一点是有说服力的;但从历史经验来看,这种观点站不住脚。6月4日,制宪会议采纳了伦道夫第九号提议的第一条。该条规定,联邦司法机关由一个甚至更多的最高法院和下级法院构成。这一条款被大会一致通过。然而,到第二天,伦道夫却要求大会重新予以考虑,理由是:"州法院可以而且应当拥有对所有案件的初审管辖权,向联邦法院的上诉权足以保障全国性权利以及判决的一致性。"谢尔曼支持这一动议,而麦迪逊则表示反对,因为他担心会出现"一个不独立的法官会带有偏见地进行引导,或者未得到指导的陪审团会带有本地偏见"这两种局面。迪金森和威尔逊站到了麦迪逊这一边。尽管如此,拉特利奇的动议还是以 6∶4 的投票结果取得了一个州权派的微小胜利。和迪金森的观点一致,威尔逊和麦迪逊进而又提出动议,认为"联邦立法机关应当有权组织下级法院。"这一动议将问题留给国会自由裁量,对这一动议的投票结果是 8∶2,只有南卡罗来纳和康涅狄格投了反对票。最后到 7 月 18 日,大会全体委员会一致同意采纳这一建议。康涅狄格州的谢尔曼评论道,他"愿意将权力交给立法机关,但是希望州议会在利用州法院时,始终要本着共同利益的安全考虑"。[45]

以上讨论和投票的意义再明显不过了,也就是说,由美国宪法来明确规定此类诉讼的初审管辖权,然后可以上诉到联邦最高法院,这是州权派在制宪会议上所要争取的最大限度的让步。讨论批准宪法时的证据也取得了相同的效果。反对宪法的主要意见是联邦司法部门将侵吞州司法部门,宪法中有一条款规定将美国司法权赋予"联邦最高法院,以及随时可由国会来任免和组织的下级法院"。而这样的条文可以解释为,是为了强调"只有联邦最高法院和下级法院才有权审理他们的权威可以延伸到的那些案件"。在《联邦党人文集》第82篇中,汉密尔顿抨击这种权力架构会"潜在地导致州权的分离倾向"。他提出了一个替代性方案,简单地说,"就是联邦司法部门应当由一个联邦最高法院和国会认为在合适的时候所设立的尽可能多的下级法院组成。"如此一来,州法院的"初始管辖权(primitive jurisdiction)"就不会受到侵害,何况他们本来就和联邦法院一起行使着一部分初始管辖权。但是,汉密尔顿接着说,州法院参与全国性管辖的必然结果,将是上诉案件从这些法院移交到联邦最高法院。他认为:"宪法以直白的语言,将联邦认为其没有初始管辖权的所有案件的上诉管辖权交给联邦最高法院,并没有说仅限于联邦下级法院。上诉的对象,并不是提起上诉的法院,而是需要另行考虑。"而且,否认此种上诉会颠覆联邦司法权最重要的目的。

美国的(联邦)司法权由1789年《司法法》正式确立起来。[46]根据该法案的逻辑,如同宪法第三条规定的,联邦司法权所管辖的案件主要分为两大类:根据案件所涉及问题的性质享有管辖权的,如"因宪法所引起的案件";以及,根据案件当事人的特点享有管辖权的,如不同州的公民的涉诉案件。该法案规定,第一类案件的初审管辖权归州司法机关,第二十五款规定以下三种情形可以上诉到联邦最高法院:第一,"凡因条约、法律效力或因合众国的权力机关合法性引起之争议,法院作出无效或非法之判决的";第二,"凡因法律效力,或因州权力机关违反宪法、条约或联邦法律而质疑其合法性所引起之争议,法院作出有效或合法之判决的";第三,"凡因宪法、条约或法律任意条款的解释,或由其组织的委员会引发的争议,法院根据上述法律依据,作出不利于尤其由任何一方当事人所建立或主张的职权、权利、特权或豁免之判决的。"在此类案件中,该法案规定:"州最高司法机关的判决有可能会由联邦最高法院重审,通过发布错案令状,或由首席大法官、大法官或衡平法院首席法官签发的法官令宣布予以撤销或维持原判。对争议法令的裁决,由联邦最高法院的普通法院依据上述程序进行处理。"很显然,联邦享有管辖权的第二类案件是基于法庭中立性的考虑。关于这类案件的初审管辖权,根据1789年《司法法》规定,案件的争议标的应该在500美元以上,联邦巡回法院和州法院都享有管辖权。但该法第十一条规定,依据被告人的申请,此类诉讼可由州法院移交到联邦法院。在就法案是否通过的辩论会上,州权派唯独对联邦下级法院管辖权问题提出批评意见。除了一些特别海事法院以外,州权派认为,宪法的目的应该是首先将联邦管辖案件的初审权尽可能地留给州法院,进而每个案件都可以上诉到联邦最高法院。该派的发言人之一,来自佐治亚州的杰克逊指出,该法案的第十一条和第二十五条是对此观念的调和。[47]二十五年后,正是这个第二十五条成为州权派依据宪法批评该法案的攻击点。

---

[1] 更多内容请参见汉密尔顿:《联邦党人文集》第九篇;以及亚当斯的"宪法的辩护"(Defense of the Constitutions),载 Life and Works,第五部分,第283,290,292,579页。亚当斯在这里指的是州宪法,但他的观点同样也适用于美国宪法。

[2] 参见亚当斯 Life and Works 第五部分,第 292 页脚注;以及 Melanchton Smith 在 Ford's Pamphlets 中关于宪法的论述;以及 MacIntosh 的《法国革命》(French Revolution)第 115 页;以及"迪金森论经验与理性"(Dickinson on Experience and Reason),载 Madison's Notes of the Convention,8 月 13 日。

[3] 有关本文中对抗性观点的陈述,请参见 Brooks Adams,《大西洋月刊》(Atlantic Monthly)LIV, 610 ffg;以及 Charles Borgrand,The Rise of Modern Democracy (London, 1894)。关于"温斯罗普诉赖齐米亚案",请参见 J. B. Thayer, Cases on Constitutional Law,I. 第 34 至 39 页;或 Brinton Coxe, Judicial Power and Unconstitutional Legislation, 第 211 至 213 页以及第 370 至 382 页。关于基本法的问题,请参见上述著作第二章。或者 C. H. McIlwain, The High Court of Parliament and Its Supremacy (Yale Univ. Press, 1910),第二章及参考文献。

[4] 8 Coke 107, 118。

[5] McIlwain, Ch. IV。

[6] Day v. Savage, Hobart 85.

[7] City of London v. Wood, I2 Modern Reports 687.

[8] Quincy, Early Massachusetts Reports, Note to Paxton's Case, pp. 520 ff.；同时亦参见 Thayer, . I 48 ff.；以及 Blackstone, I Coms. 91。

[9] Reinsch, Colonial Common Law:'Selected Essays in Anglo-American Legal History, Vol I, p. 376.

[10] N. Y. Hist'l Society Cols., II, 204. 亦参见 Chalmers, Political Annals: Same Cols., I. 81。亦参见 Chalmers, Colonial Opinions, pp. 373-82。

[11] Adams, Life and Works, II, 521-5.

[12] 注意执行法院(executive court)这一术语。和这条原则相关联的是,法院可以宣布议会法案无效。关于皇室否决权,有一点很重要,那就是即便承认这一权力可以扩张到立法,也不会扩张到普通法。自然犯罪(mala in se)和罪刑法定(mala prohibita)的古老区分仍然是很重要的。McIlwain, pp. 310 ffg。

[13] 参见前文注释7。

[14] Jefferson（Va.）109.

[15] 参见 Morey, Am. Academy of Social and Political Science, IX, 398 ffg;亦参见 Davis, J. H. Univ. Studies, 32d series, pp. 473 ffg; F. N. Thorpe, Am. Charters, Constitutions, and Organic Laws, especially the first Virginia Bill of Rights and Ensuing Constitution, VII. .382 ff。

[16] I Cranch. 137.

[17] I Va. Cas. 20.

[18] MacDonald, Documentary Source Book, p. 148. 这份文件对瓦特尔的感激之情溢于言表,参见第二章。

[19] 关于1789年制宪会议的创新之处,参见 Madison's Notes 中记载的艾尔斯沃斯的言论,7月23日。关于这个问题以及与此相关的一些问题,参见 W. F. Dodd 发表在《美国政治科学评论》的一篇优秀文章(卷二,第545至561页)。关于宪法在社会契约中的早期地位,这样一个社会契约源于革命所带来的宪政因素,尤其参见上文"坎珀诉霍金斯案"的法官意见。

[20] 尤可参见 Jefferson, Notes on Virginia: Writings (Memorial Edition) II,60-78。

[21] 曾被汉密尔顿语带偏见地引用过的宪法第六条,使宪法成为州法官的最高法。参见下文。

[22] 参见 Austin Scott 发表在《美国历史评论》的文章(卷五第 456 至 469 页)。同时亦参见 Trent 教授在同一期刊发表的文章(卷一第 444 页),其中提到了 Josiah Phillips 一案。Trent's 教授树立此案重要性的努力失败了。比照 Elliot's Debates, Vol. III, pp.66-7, 140; 298-9。法院通过对 1781 至 1793 年间殴打侵权类诉讼的判决,实际上废除了奴隶制,然而,判决的理由却是 1780 年宪法撤销了有关奴役监禁的法律。参见 G. H. Moore, Notes on the History of Slavery in Mass. (N. Y. I866), pp.200-23。

[23] Sparks, Gouverneur Morris, III, 438。

[24] 参见下文"特雷韦特诉威登案"。瓦尔纳姆在本案的法庭意见中没有提及"霍姆斯诉沃尔顿案",在那个案件中,法庭对此保持了沉默。

[25] Call (Va.) 5。

[26] 斜体部分为作者所加。

[27] 关于"特雷韦特诉威登案",参见 Varnum's Pamphlet: Providence, I787; Thayer, I, 73-78; Coxe, pp. 234-48; McMaster, History of the People of the U. S., I, 337-9。McMaster 指出,以现代观点来看,"特雷韦特诉威登案"是一个纯粹的司法审查的案子。1787年制宪会议对"特雷韦特诉威登案"的引用,参见 Madison's Notes, 7月17日。

[28] Kirby (Conn.), 444-7。

[29] Madison's Notes, 8月22日。

[30] 参见 Rutgers v. Waddington, Pamphlet, edited by H. B. Dawson, 1866; 亦参见 Thayer I, 63-72; 以及 Coxe, pp. 223-33。

[31] Hamilton, Works (Lodge's ed.), V, ix6, and VII, 198.

[32] Writings (Mem. Ed.) VI, 98.

[33] Journals of Congress (Ed. of 1801), XII, 日期如文所注。

[34] 关于这一点,参见 Bancroft, History of the Constitu-

tion,II,472；以及《哈佛法律评论》，VII，415 ffg. 杰斐逊的回应似乎明显有错误。显然，麦迪逊并不确定是否能够仅仅依据州立法机关的批准,相比较与之有冲突的州立法的偏离,《邦联条例》在州内就具有至高无上性。参见 Elliot，I，400；以及前书 V，99 and 171. 转引自 Coxe。

[35]《联邦党人文集》第 44、80 篇；Madison's Writings（Hunt's edition），V，217-18.

[36] 参见 Madison's Notes,6 月 4 日至 6 日，及 7 月 21 日；同时亦可参见 Madison's Speech，6 月 23 日。

[37] Rutledge,参见 Madison's Notes, Aug. 27；Pinckney, Aug. io；参见《联邦党人文集》No. 39；Wilson, 参见 Elliot's Debates，II，489；Ellsworth，前书，pp. I96-7；Marshall，前书，III，553；亦参见 Elliot，III，205，324，325。

[38] Madison's Notes，6 月 4 日。

[39] Ib.，8 月 15 日。

[40] Ib.，8 月 27 日,参见下文。

[41] I Martin（N. C.）42(47)。本案判决意见更有趣,法

庭将《邦联条例》认定为"国家法律的一部分,普通议会制定的任何法案均不得予以撤销。"但这一点并不是宪法问题所关涉的主旨。

［42］McRee, Life and Correspondence of James Iredell, II, 169-76; 亦可参见前书第 145 至 149 页。

［43］在文中所示那些日期中的讨论内容,Madison's Notes 都有记录。

［44］Brinton Coxe 得出的结论是,宪法将审查国会立法的权利赋予联邦立法机关,这种做法,就像我说的那样,是不能够被采纳的。参见 Coxe, pp.336-42。

［45］有关这一问题更充分的讨论,参见 Coxe, pp.342-48。

［46］Statutes at Large of the U. S. (Little & Brown, 1856), I, 73 ffg.

［47］众议院辩论未载于 McClay's Journal,而是另有记录,相关内容参见 the Annals of Congress, I, 826-66。关于杰克逊的演讲,参见前书第 845 至 846 页。

论司法审查的确立(下)*

翟晗 | 译

如果将司法审查的确立追溯到联邦政府成立之时，我们应当注意到实际存在两种明显不同的司法审查：一种是联邦司法审查，或者称联邦法院依据美国宪法审查州立法机关的法案是否合宪的权力；另一种是专属司法审查，即法院审查跟它平行的立法机关的法案合宪性之权力。

在起草人艾尔斯沃斯看来，1789年《司法法》在联

---

* Edward S. Corwin, "The Establishment of Judicial Review II", *Michigan Law Review*, Vol. 9, No. 4 (Feb., 1911). 译者：翟晗，荷兰蒂尔堡大学法学院宪法学专业博士候选人。

邦法院行使审查议会立法的权力这一问题上无疑经过了深思熟虑,但其他人有多少能接受这样的观点就不得而知了。所以,在法案起草的文献记录中,关于这一问题的讨论几乎完全是一片空白。议会第一次讨论司法审查问题,出现在众议院1791年2月21日的辩论记录中,当时的议题涉及成立国家银行的提案。[1]佐治亚的杰克逊认为,国会不应当出台"可能被联邦法院驳回的"措施,因为联邦法院有权判定这一措施违反宪法而宣布其无效。然而,新泽西的布迪诺特以及南卡罗来纳的史密斯立即对此展开了反击。他们称,杰克逊没有彻底否决法院的审查权是"他的骄矜与自信。这样做只会在所有涉宪性议题上逼他做出进一步决定;到那时,他才会意识到,不管有意无意抑或别的什么原因,他是错的,因为政府根据宪法有权阻止国会立法的实施,以防止该立法对选民造成伤害"。[2]我认为,毫无疑问,立法部门正在贬值,一步步地将最后的决定权拱手让与司法部门——这样一种稳定的共识成为法院权力不断增长的原因和结果。因此,尽早认识到这一点是有意义的。

然而,法院会接受违宪审查这样的职责吗?立法部门的"亲善大使"们力邀联邦最高法院进入本属于他们的权力地盘,但从最高法院拓展其权力的步履之迟缓与态度之试探来看,他们并不情愿这样做。另一方面,司法审查在当下不断得到推进,也在于法院采取的这些试验性措施从一开始(但现在已经不再那么明显了)就混入了法官的职业素养和个人能力。1792年春天,国会通过了一项立法来解决老兵向美国政府提出的抚恤金要求。该法案指示联邦法院受理抚恤金申请,并要求法院服从战争部长和国会的审查。但是,很快,恰恰是法官们自己提出了对该法案的激烈反对。据称,该法案的问题在于,它或者赋予巡回法院非司法性质的权力,超出了宪法规定;或者通过赋予政府某一分支机构对案件判决的复审权,违宪地削弱了司法权。这些批评着实在理,然而问题在于,哪一个法官有权受理此类案件呢?的确,法官宣誓要维护宪法,但问题是:宪法是什么?宪法又建立在什么之上?谁对宪法的解释是最权威的?国会也宣誓维护宪法,那是否因此认定它自身就可对其立法负责?从法官个人来讲,他有充分理由相信:国会出于有意还是无意,都僭越了其宪定权力。然而作为法官群体,他们清楚这一点吗?其实我们无需多做猜测就可以看到,正是这样的问题令巡回法院法官处于"痛苦的境地",正是这样的问题太"令人激动"以至于他们"再也不想体验"。这个过程后来在各巡回法庭各有不同表现。在纽约州,以大法官杰伊为首的巡回法官决定执行法律,其行为类似行政官员。在北卡罗来纳,巡回法官艾尔德尔和同事质疑法院可以如此行事的权力,但没有被要求做出最终决定。宾夕法尼亚巡回法院的威尔逊法官及其同事干脆直截了当地拒绝行使这项权力。最终,"海本案"(Hayburn Case)的上诉将这一宪法问题摆到了联邦最高法院面前。该上诉请求联邦最高法院颁发一个令状,强制宾夕法尼亚巡回法院将上诉人登记为抚恤金领取者。当时的检察总长伦道夫承认法院有"拒绝执行命令"的权力,"但在这一场合下不合时宜"。因此他建议联邦最高法院在行使权力时权衡作出违宪判决的利弊。法庭报告如此记录:"法院认为,他们在征求建议后将支持这一主张,直到下一届国会;但他们不能像立法机关一样可以在临时召集会议期间宣布任何决定,这也算是对抚恤金领取者的一种安慰。"[3]

"海本案"之后,联邦最高法院似乎已经相当确定其有权拒绝实施议会制定的违宪的法律,也就是说,他们认定其有权宣布违宪的法律无效。然而,在1796年成为助理法官的塞缪尔·蔡斯对此存在质疑。这一年,联邦最高法院被要求宣判议会通过的一项直接向货车征税的法案违宪,因为它违反了宪法关于直接征税的规定。其他法官直接围绕这一争议表达意见,而蔡斯在意见书中触及了一个更大的宪法问题:"我认为货车税并非直接征税。对我而言,我认为没有必要去判定法庭是否拥有宪法赋予的权力,去宣判违反宪法的法律无效。但如果最高法院有这样的权力,坦白讲,我仅在非常清晰、毫无争议的案件中动用这一权力。"[4]此后不久,蔡斯就美国签署的一项条约重申过类似观点[5];两年后,其看法依然如故。最后,在1800年"库珀诉特尔费尔"(Cooper v. Telfair)[6]一案的意见书中,蔡斯才勉强承认当时已被法官和律师接受的"一般观点"。他认为审查议会立法的权力仅仅应该赋予联邦最高法院,而不是笼统的联邦法院体系。三年后,在"马伯里诉麦迪逊案"[7]中,联邦最高法院第一次认定国会立法违宪并宣布其无效。法院以权威的形式肯定了其自身的主张。在司法权限范围内,最高法院已经确立起审查议会立法合宪性的权力——通过假定拥有这一权力的方式。现在的问题是:国会会默认最高法院的主张吗?

1800年大选使杰斐逊的民主共和党人占据了联邦政府各部门的大部分职位,但法官职位因其终身任期,仍多保留在联邦党人手中。更令人光火的是,上届政府在任期最末采取的一系列措施中,推行了一项将最高法院法官数量削减到和现任的联邦党人法官数相符的法令,同时将区一级联邦法院的数量从7个增加到23个,分成6个巡回区。可以想见,这些法院的职位也迅速被联邦党人填满了。[8]一系列动作让新接手的政府何其不快,实在可想而知。杰斐逊在1801年给迪金森的一封信中写道:"联邦党人退守到司法系统这个大本营中……还有部分残余联邦党人盘踞在财政部。有了这个靠山,民主共和党人的所有努力都将付之东流。"[9]在他同月发表的咨文中,杰斐逊传达出要废除上述安排的信号。一个月后,肯塔基的布雷肯里奇介绍了参议院对此作出的改组方案。[10]随后,参众两院的辩论整整持续了一个月,从中产生了有趣的变数。起初,讨论的主题是有无必要新增这么多法院。然而,到后来,宪法议题逐渐浮出水面,直到某些具体宪法原则最终被基本确定下来(至少是在某些方面)。最终该方案被投票废除。[11]

美国宪法规定"美利坚合众国的司法权属于一个联邦最高法院以及由国会随时下令设立的低级法院"。宪法还授权议会"设立低于最高法院的各级法院",规定"最高法院和低级法院的法官在任职期内必须尽忠职守"。[12]关于司法审查的宪法争议正是由这些条款而起。一方面,联邦党人认为,议会不得通过弹劾程序将法官撤职,因此也就不得撤销法官的职位,因为这样做实际上是通过间接的方式完成了他们不能直接做到的事。民主共和党人承认这一观点的前提,但否认结论。他们认为,毫无疑问,法官在职位存续期间是不得被免职的,但如果法官职位本身被废除了,那么法官自然就不再是法官。而国会有权力关闭下级联邦法院吗?联邦党人认为没有。下级联邦法院以宪法为基础产生；一旦建立,和联邦最高法院一样,处于美利坚合众国宪法的庇护之下。换句话说,这样的下级联邦法院属于美国司法系统的一部分,享有宪法"授予"的司法权。当然,这个观点遭到了民主共和党人断然反对：下级法院是通过国会制定的法案建立的,议会有权撤销建立下级法院的法案,如同它也可以撤销别的建立某一行政部门的法案。讨论的局势很快明朗化了。民主共和党人向对手说,你们要求的一定程度上的司法独立,在英国宪法上无从考证,美利坚合众国宪法在此问题上却树立了典范。联邦党人接受了这一说法。他们确信,司法权绝不应服从或者附属于立法权。比方说,在提交至最高法院的上诉案件这一问题上,最高法院不是立法机关的附属机构这一点是明确地规定在宪法中的。在此,宪法精神与司法机关和立法机关之间可能存在的隶属关系恰恰相反,因为,宪法早就反复考虑过联邦司法权力对立法权的限制,此种限制将立法权保持在宪法的框架内。如果想行使这一权力,就必须设定司法部门在所有权力分支中具有与国会同等的力量。[13]

民主共和党人建起的迷宫倒掉了,他们还会重建它吗?布雷肯里奇很快表明他们必将如此:"我并不指望像以前坚持的那样,证明法院否决议会立法的权力是违宪的。我想我在回应这一问题时,不能出错。有人说,联邦政府的各个部门间应彼此制约,所以,法院应当制约立法部门。如果这是真的,那么我想问,法院制约立法的权力是从哪里来的?法院自身违宪的时候又由谁来制约它们?遵照这样的原则,难道法院就能获得对政府的绝对指导权吗……我不承认这一自封的权力。如果它源自宪法,那么请问各位先生,宪法中究竟哪一条授予了法院这样的权力……按照他们的观点,宪法的首要任务是界定每一个部门的权力;然而,它竟又忽略了法院可以废止议会立法这样重要的权力,这岂不是自相矛盾？还能有比这更荒谬的吗……为了使宪法成为可实施的制度,这一自封的权力……就不应该存在。我的看法是……宪法意在实行三权分立,将权力分别授予单个独立的部门,它就给了每一个部门完成其职务的权威。这些部门彼此配合,在各自的轨道上运行;除了对自身的目标负责以外,不得指导或者控制其他部门的事务。立法者被认为与宪法具有同等的关联和同等的利益,同样受到其维护宪法誓言的约束,也平等地享有实现宪法的权利。立法部门作为权力机关的一支,被赋予了宪法权力。在宪法设置的框架中,它甚至要高于其他部门;事实上,它完全有能力成为唯一决定那些权力是否得到适当实施的机关。因此,立法机关在关于法律创设权力问题上具有专属的宪法解释权,法官则有义务实施他们制定的法律……因此,尽管法院可以对法律的合宪性问题作出判决,并在一段时间内阻止法律的生效,但我认为这一法律的强制力并没有被削弱,因为在法律的执行过程中,这一机构(法院)只是拒绝提供援助。两个部门都各自坚持己见的话,很快就会出现如下问题:立法权到底来自哪里?在立法权的框架中,谁更有优势……如果诸位先生已经准备承认,如果法院有权宣判税率、关税以及财政支出的法案违宪,那么,这些法案是不是就会被清除出你们的法律全书?政府运转是不是也将终止?所以我认为,法院的违宪审查就是对最高立法权的嘲弄。违宪审查原则使我感到受辱,我保留反对意见。"[14]

古弗尼尔·莫里斯(Gouverneur Morris)很快对布雷肯里奇的发言做出了回应。他略带戏剧性地说:"我得站起来恭喜国会和整个美国。我们已经在短兵相接的地方,将敌人掀翻在地。尽管有些迟,但他们最后还是走到了论证路线的终点。我知道他们一定会得出这一结论。现在,我想问,先生们是准备在这个国家建立一个强大的政府吗?如果他们推崇的司法审查原则得势,如果这一原则当真如此,那么,就不再有美国的(American)立法机关可言,留下的仅仅是邦联(the union)的立法机构……尊贵的议员告诉我们,立法机关在创制法律时,拥有至高和排他的释宪权。法律由国会制定,法官必须执行。接着,他又问法院从哪里获得了判定法律合宪性的这种自封的权力……我可以回答,这个权力来自比宪法文本更高的权威,来自人的宪法、事物的本性、来自人类事务的必然进程。当你制定出一部法律,随后进入执行程序,引发相关案件,那么,最终必然会由法官来裁决摆在他们面前的案件,宣布法律是什么……先生,这就是我们所争取的权利的原则和来源。但这一权利被否决了,取而代之的是国会至上。记住这一点吧,我们再看看结果是怎样的。宪法明确规定,国会不得通过任何剥夺公民权和财产权的法律,也不得使法律溯及既往……假设参众两院大多数人以及总统无视这些限制,通过了这样的法律……联邦法院顺从立法机关的意愿和偏好,同样执行了这些法律……然后我们再来看看这将会带来一个怎样的国家。如果司法审查得以存续……那么,是不是就可以以这种方式使得邦联的立法机关宣称自身至上权力的结论归于无效呢?英国议会经常被拿来做类比,以证明美利坚的主权不再属于人民,而在议会手中。这样一来,宪法就变成了他们可以随心所欲制定的东西。"由此带来的结果是什么?"在我远离祖国的时候,常常为那些想要终结全国政府的打算感到痛心。因为我知道,如果美国被一个强大政府把持的话,那么它就不再是一个共和国了……我赞同共和政府,因为它更接近我所欣赏的情感与气质……但是,一旦建立起强大的政府,它就不再是共和政府了。我们甚至没有条件去建立温和的君主制。因此,如果联邦被摧毁,我们只会成为专制制度的臣民。"[15]

接下来的讨论充满了前后矛盾。一位主张州权的民主共和党人支持主权在国家立法机关手中,一位联邦党人鼓吹司法审查对于州权利益的重要性。此间有几个问题值得注意:首先,很显然,当联邦党人认为反对司法审查的举动"荒谬且闻所未闻"时,即使是民主共和党人也认为最高法院的权力已是一个既成事实。还有一点同样清楚无疑,司法审查的必要性绝不仅仅是联邦党人的一家之言。法国大革命还没有遥远到让人忘记人民的力量。即使对那些信奉政治行动来自人民的人来说,最好还是避免革命重演,因此将法官置于"把社会从其自身拯救出来"的位置更可取。[16]最后,两党的大多数人都不能接受议会主权原则。这一点在伦道夫关于解决方案的合宪性讨论中得到集中展示。带着少见的坦诚,伦道夫承认如果撤销方案的目的在于清理法官而非法院系统,则这一做法是违宪的。至此,整个问题变成了撤销方案到底建立在何种意图之上。伦道夫的这番论证招致了敌人的嘲讽和友人的冷眼。[17]简而言之,作为主权者的立法机构进行自我约束,这也是议员们的道德义务——这一理念过于艰深。更简单直接的想法是,有某个人站在立法机关之外来审查国会立法。这场争论的最终成果是双重的:一方面,撤销法院的法案获得了民主共和党多数通过;同时,不受国会观点控制的司法独立也在最后辩论阶段得到认可。另一方面,国会成员大部分、甚至压倒性地赞同司法审查,我们从道义上可以肯定,任何对司法体系的蓄意攻击都可以在对行政机关的坚定支持中找到盟友。

然而,法院系统并非就此脱离危险了。事实上,所有胜利都是一种外在迹象,来自敌人拱手相送。对于这样的胜利,不光敌人不满意,就是法院自身也无甚高兴可言。十六个巡回法院均遭到扫荡,然而作为司法审查的大本营,联邦最高法院依然毫发未伤。指挥这座大本营的,恰恰是托马斯·杰斐逊的死对头约翰·马歇尔。而在最高法院的围墙内,为了这个正在受苦的民族,向有毒的联邦主义的病灶提供解毒剂正是民主共和党的的使命。[18]那么联邦最高法院将面临什么样的处境呢？很明显，最高法院最初遇到的问题也和下级联邦法院之前遇到的一样。但这本身不是问题，因为所有人都承认最高法院是宪法的产物。然而，宪法没有具体规定最高法院的规模，因此，最高法院就需一直服从于国会的决定，唯一的例外是现任法官不得被撤换。据此，最高法院建立之初有六名大法官，但1801年法案基于当时有一出缺名额，将法官数量削减到了五名。那为何不扩大最高法院的规模并借此机会打压联邦党人的势力呢？这一构想看上去非常简单，但如若实施，会有两个障碍。最大的障碍已经在前文中提及，即大多数民主共和党人从感情上所认定的司法体系在我们宪政制度中的地位和权力。第二个障碍随第一个问题而来：如果国家的经济状况的确要求缩小下级联邦法院的规模，同样的理由难道不正可以拿来反对任何对最高法院的不当扩张吗？按照1802年法案，最高法院法官名额增至七名。本次增员是基于充分的理由,与党派利益无关。但是,法院还面临一种十分有效的攻击,那就是弹劾——尽管实际上困难重重。宪法规定美利坚合众国的文官可因"严重犯罪和渎职"而被弹劾。[19]但到底什么是"严重犯罪和渎职"?被弹劾的过错仅限于前述规定吗?或者有弹劾权的主体采取的政治报复行动以及众议院也可以被纳入其中吗?第一种观点的说服力在于弹劾条款自身的法律意义,但它强化了第二种观点:首先,历史上,弹劾制度来自英国;其次,根据宪法,法官在任期内需要保持"尽忠职守",这就对法官履职的行为提出了更高要求,而非仅仅是不从事犯罪行为。并且,如我们所见,宽泛弹劾论的鼓吹者们已经正式创造出了一个先例。新罕布什尔的联邦法官皮克林精神有问题,按我们的制度,唯一可以撤换他的途径就是弹劾。弹劾最终在1803年获得了成功。[20]但如果一个精神不正常的人,不能为自己辩护,并且这一点是通过公共危机而非私人失职被发现的,那么,对他的处理除了弹劾还能有更好的方法吗?这个问题很快会有答案。

1803年2月24日,马歇尔宣判了"马伯里诉麦迪逊案"。马伯里被亚当斯总统任命为哥伦比亚特区治安法官。该任命获参议院批准,委任状在总统任期的最后几个小时签发。唯一没来得及做的事情是将委任状交由被任命者,这只能轮到新总统杰斐逊来完成。可后者现在宣布不予交递委任状,马伯里随即在最高法院启动了针对国务卿麦迪逊的强制执行令程序,由此产生了最高法院管辖权的问题——本来,这该是由现任大法官来处理的事务。然而,马歇尔预见到他必须放弃管辖权,于是决定首先审查案件的实质部分。他认为,送达委任状是一个依照法律规定的单纯事务性行为,因此可以签发强制执行令,强制国务卿履行送达义务。然而,这一案件应该由下级联邦法院审理,因为宪法赋予最高法院的管辖权范围是外交大使和州作为一方当事人的争议。

的确,这个案件是因为国会通过的法案而提起的,但涉诉的那部法案由于明显违宪而无效。这个案件必须相应地因为缺乏管辖权而被撤销。仅从司法判决的角度来说,本案判决无疑是非常独特的。但作为一份挑战并测试政敌容忍底线的政治宣传书而言,本案判决则是一个巨大的成功。即使杰斐逊总统意识到对手马歇尔的审慎而不得不撤回了对政敌公开宣战的所有理由,他那可想而知的怒火也不会因此有任何减损。[21]

然而,和平并没有维持很长时间。就在马歇尔迎击总统不到两个月后,蔡斯法官在对巴尔的摩大陪审团的演讲中,猛烈地炮轰民主共和党人。蔡斯痛批最近的《司法法》,宣称这个国家的司法独立已经"从根本上被动摇了",宪法也将"沦入暴政"。所有这些"可怕的错误"皆源自"最近的改革者搞出的所谓现代原则,即一个公民社会的国度中,所有人平等地享有自由和权利"。蔡斯这次大爆发的时间是在 5 月 2 日。11 天后,杰斐逊写信给马里兰州国会议员尼科尔森,建议"这一对我们宪法原则公开的恶毒攻击……"必须受到惩罚。与此同时,对皮克林的弹劾也陷入僵局,直到1804年3月12日才结束。就在同一天,众议院未经辩论,以明显的党派意见,即72对32的票决数通过了蔡斯的弹劾提案。但弹劾又拖延了近一年。最终,审判在1805年2月9日开始。事情开头就不顺;然而,更糟糕的还在于弹劾的推动者在关于弹劾的理论问题上陷入了无望的泥潭:这究竟是对职务的审查还是对犯罪的指控?伦道夫和尼科尔森在此意见相左。3月1日,参议院开始投票,弹劾者全军覆没。一篇文章宣称蔡斯"无罪"是毫无意义的,其他评论也大体如此。即使在最乐观的文章中,有人提到了蔡斯在巴尔的摩的言论,北部民主共和党人、南卡罗莱纳的盖拉德和联邦党人认为,在司法问题上,弗吉尼亚派仅仅是代表了党内的一个派别。很难说蔡斯被宣告无罪是不是建立起了我们宪法中的弹劾理论,但"它证明了为党派目的而发起的弹劾是不可行的",就像一个唬不住人的"稻草人"。它还证明了"首席大法官马歇尔最终是安全的","从今往后,他可以在闲暇时修补我们的宪法原则。它最后证明联邦最高法院有权审查国会立法的合宪性,不仅仅是否决,实际上还有赞成和为国会喝彩。"[22]就在蔡斯被宣布无罪的那一刻,伦道夫"匆忙从众议院跑到参议院",提交了一份修宪提案,建议所有联邦法官须由总统基于两院联合意见方得解职。这份提案涉及国会两院,于次年再次被提上日程并进行讨论,最后遭投票否决。在1809年和1812年间,共有九个类似目的的提案,尽管措辞不同,但最终都逃不过被否决的命运。此外,1816年及1822年类似提案的结局也是如此。[23]

司法审查就这样在全国政府中确立下来,因为部门之间的默许被限制于我们所称的宪法秩序中。但与此同时,我们也可看到,司法审查毋宁是一把双刃剑:限制国家权力但也认可国家权力。由此,最高法院在联邦体系中的位置这一问题被提了出来。幸运的是,法院与联邦的关系之症结所在很容易被发现:它存在于州权的排他性理念中。在费城制宪会议中,在各州制宪会议中,在《联邦党人文集》中,州被认为是新体制下的"剩余主权者",尽管它们已经将其主权的核心部分交给了联邦政府。[24]所以这个问题现在转化为:当"主权"这一概念适用于各州,其实际的含义到底是什么。在"齐泽姆诉佐治亚州案"(Chisholm v. Georgia)[25]中,争议点在于联邦最高法院是否有权管辖南卡罗来纳州一名公民对佐治亚州提起的诉讼。宪法的字面表述明确地认为最高法院有管辖权。[26]但被告州的律师主张,宪法表述必须要按照如下原则来解释,即,主权者只能在其主权范围内的法院、且经得它自己同意,才能被起诉。他们引用了汉密尔顿在《联邦党人文集》以及马歇尔在弗吉尼亚宪法大会上的观点来支持其论证。[27]也就是说,州主权是作为限制宪法运行的解释性原则而设立的。联邦法院不仅以四比一的投票驳回了这项起诉,首席大法官杰伊和大法官威尔逊还彻底否认将"主权"概念应用到州政府的可能性。威尔逊申明,只有对制定美国宪法的美利坚人民,才谈得上可以适用"主权者"这一概念本身。至少"根据邦联的目的",单个州并非是主权者。艾尔德尔大法官则表示了相反的意见:"联邦成为主权者,是由于政府对自身所有权力的让渡。在邦联中每一个州都是主权者,则因为各州保留了所有权力。"换句话说,联邦框架下的主权是可以分割的,或者是双重的。

"齐泽姆诉佐治亚州案"判决后不久,第十一修正案便通过了。事实上,该修正案与其说是削弱了该案判决的逻辑,不如说是肯定了后者。同样,该修正案也没有阻止联邦控制州议会这一趋势的稳步扩张。因此,在第十一修正案通过后的那几年中,最高法院一直在审查州法在联邦宪法、联邦法律和条约下的有效性,并没有因其不具有司法审查权而备受责难。[28]但是,同样在1795年,"范霍恩的租户诉多兰斯案"(Van Horne's Lessee v. Dorrance)中[29],联邦法院开始宣布,在其管辖的多重公民身份的案件中,它们也有权审查州议会的法律在所在州的宪法之下的合宪性问题。这一做法建立在此类案件中联邦法院取代州法院的原则之上。"卡尔德诉布尔案"(Calder v. Bull)中,蔡斯大法官否认了这一权力的存在,他的论点是宪法并没有授予任何"推定性权力"(constructive powers)给联邦。然而两年后,在"库珀诉特尔费尔案"中,库欣大法官明确宣示了这个原则:"本院拥有的权力和佐治亚州任何一个法院一样,可宣判存在问题的立法无效。"违宪审查权由此确立,并且,自从其行使以来——如我们在下文所见——日益成为宪法发展中最重要的部分。

然而,与此同时,州权观念和联邦法院的自我定位之间的冲突进入了一个新阶段。如我前已述及,在《联邦党人文集》中,麦迪逊已接受了这样的理念,即:确认州权力和联邦权力之间界限的争议,应该由联邦最高法院裁决。他将最高法院的权力定性为"终极性的"权力;在其中一段,他谈到各州拥有"剩余但不可侵犯的主权"。[30]然而,在前已提及的同年另一篇文章中,麦迪逊开始意识到司法审查议题新的启示——很大程度上可能是过于嫉妒当时弗吉尼亚上诉法院就其自身的宪法地位[31]的表态。他在1788年与一位肯塔基州通信者的信中写道:"和联邦宪法一样,州宪法并没有具体条款来解决宪法解释的争议;法院通常是最终的裁判者,法官通过决定是否执行某项法律,为该法律的命运盖棺定论。这使得司法部门实际上取得了与立法部门同等的地位。这从来不是宪法刻意设计的结果,也必定不合适。"[32]在随后十年中,麦迪逊越来越受到杰斐逊民主和州权观念的影响,这一影响的结果,就是他写于1798年的反对《客籍法》和《惩治煽动叛乱法》的意见,即著名的《弗吉尼亚决议》(Virginia Resolution)。[33]重要原则出现在该决议第三部分:"……该会议明确而坚定地宣布了它认为联邦政府的权力来自各州订立的契约……如果出现某些并非由该契约授予的、故意且明显而危险地行使权力的情形,作为契约参与方的各州有权利也有责任干预这一罪恶的过程,并保留在各自范围内的权威、权利以及自由。"从那以后,麦迪逊痛苦地坚持着该段文字表述的模棱两可[34],但决议中"各自"一词则取决于具体语境,暗示如果语言本身是不确定的话,那么决议的原旨应该是确认一项宪法特权,独立的各州得以自行判断联邦权力的范围。的确,当时各州的理解就是这样。在和姐妹州进行沟通后,《弗吉尼亚决议》、更为激进的《肯塔基决议》[35],以及杰斐逊的著作激起了北方各州立法机关的回应。它们总是采取一种责难的口气,也常以最确定的方式宣称联邦法院是国家宪法的最终解释者。[36]另一方面,早在1800年,麦迪逊及其追随者已经开始考虑1798年决议中的极端立场,尝试寻求补救。在1800年给弗吉尼亚州议会的报告中[37],麦迪逊以重申1798年决议中的观点开头:合众国各州都是主权者,因此,任何联邦司法机构的判决如果最终涉及联邦政府其他部门的权威,都不可能"与宪法契约的各缔约方权利摆脱干系。在宪法契约之下,司法和其他政府部门均不得辜负被授予的信任"。然而,五十多页以后,麦迪逊的用意便展露无遗了。他又一次旧事重提。"宣布联邦宪法含义的权力应该属于合众国的司法机关,而非州立法机关,但是,"他用一种相当不同寻常的语气强调,"宣称联邦政府的程序缺乏宪法上的正当依据,这种声明无论对民众还是对各州议会来说,都不是什么新鲜事物……无论肯定还是否定联邦政府措施的合宪性,这种声明从任何角度来说都不属于法官的职责。在这些案件中所做的申明纯粹是法院观点,并没有造成除引发令人兴奋的反应以外任何其他效果。另一方面,法院的种种阐述又会立即生效。"因此,弗吉尼亚州议会的行为并无任何不妥,特别是在联邦宪法通过那段时期,我们不难预见,州立法机关作为构成联邦政府的一个分支,常会"预见到司法篡权的最初征兆",并"向公众敲响警钟"。麦迪逊的参考直接来自他为《联邦党人文集》贡献的那部分[38]。在书中,他陈述了一个纯粹的事实,即,因其常规性权力,州立法机关得以频繁地阻碍甚至间接地改变联邦政策,但这样的权力中,并没有哪怕最微弱的线索表明它们阻碍了联邦政府和美国人民之间的联系。这使得他不断强调的那种新制度的首要优势没有了存在的必要。

因此,1800年后,弗吉尼亚阵营开始放弃"干预"(interposition)带有任何独裁特质的说法,因为其实施主体是联邦立法机关。如果他们想为双重主权的概念在联邦系统中争得一席之地,"干预"就显得相当必要。在1798年决议和上述给弗吉尼亚州议会的报告中亦有对双重主权含蓄但前后矛盾的重申。在此,我说它"前后矛盾",是基于如下理由:因为双重主权意味着双重自治,每一个主权单位有权判断自身权力的范围,也有权在它设定的范围内要求公民的忠诚和服从。但是,假定双重主权论得到承认,那么,在何种基础上,作为主权单位之一的州可以在与其他主权单位即联邦政府之间加入一个保护盾?以及它们如何处理与联邦公民身份之间的关系?甚至尽管在另一层面,这一公民权也属于当事人所在的州。这些反思似乎都不会削弱弗吉尼亚阵营的陈述,尽管从我们最初找到的他们对这一问题发表的言辞来看,无论是逻辑还是目的都与后来的观点大相径庭。在1809年,联邦最高法院判决了"美国诉彼得斯案"(United States v. Peters)[39],根据1789年《司法法》第十条,法院审查并推翻了宾夕法尼亚州最高法院早前关于同一问题的一个判决。宾州议会立即发表激烈言辞,反对联邦最高法院的判决。在当时的社会背景下,因为宾州是独立主权单位,州法院的判决针对提交的争议乃终审判决。简而言之,宾州议会在此运用了双重主权原则,来否认1789年《司法法》所确立的案件从州移送和上诉到联邦的合宪性。麦迪逊彼时已任总统,但为迎合风气,他以最严肃的方式警告宾州州长,宾州抗拒联邦最高法院判决可能导致严重后果。弗吉尼亚议会也坚决支持联邦司法权[40],实际上,它的态度比十年前任何一个北方州议会都要强硬。但是,弗州的游移不定并没有结束。五年后,它转变了立场,在"亨特诉马丁案"(Hunter v. Martin)中[41],弗州上诉法院宣布了《司法法》第二十五条违宪,理由是双重主权原则在联邦系统中应得到严格而准确的适用。卡贝尔法官在该案判决意见书中写到,我们所理解的联邦系统,"存在两套政府机构……拥有各自分隔的主权……覆盖共同的领土,使用于共同的人民,也经常面对相同的议题,"但是,"无论如何,联邦和州的主权是相互独立的。从这一点来说……每套政府必然依靠各自的机构运行;只有在其权力范围内,命令、强制服从,甚至是种种反对,方有可能,非此则不能想象。"相应地,当全国政府的司法权毋庸置疑地扩展至美国宪法、国会立法和国际条约引起的案件时,联邦就必须提供它自己的法院来实施这一权力。当然,这并不是说,美国宪法、国会立法和条约"所引发的案件"仅仅意味着前文所述的情形,那些州立法所引发的案件,从另一个角度而言,也属于同样的情形。那么,这类案件的处理程序是怎样的呢?也就是说,该由哪个法院来管辖这类案件?是州法院还是全国政府一级的法院?这个问题如今很好回答:该向哪个法院起诉完全取决于政党选举的结果。如果州法院一旦受理了诉讼,而其组成人员又是由执政党派选任,那么州内享有最高审判权的法院的判决就该是最终判决。即使是美国宪法第六条也没有刁难这样的观点。因为,当州法院的法官受第六条的约束,将美国宪法、国会立法和条约置于与之相冲突的州宪法和州立法之上,"关于美国宪法、国会立法和条约含义何在的问题,必须由州法官根据自己的判断、在自己的职权范围内来做出决定。州法院对于联邦法院的意见一致非常尊重,因为联邦法院的法官富有经验而且正直……但是,尊重归尊重,并不意味着就要承认联邦法院结论的权威。"

这一论证逻辑自洽、不容辩驳,但它在这一路线上取得的成绩,仅仅只是更清楚地勾画出这一结论所犯的历史错误的轮廓。如我们所知,就历史事实而言,国父们打算让上诉从州法院直达联邦最高法院,相应地,他们将州称为"主权者"这番含糊其辞的描述,必须要让位于这一事实。[42]诚然,由于麦迪逊坚决反对出版他的制宪会议笔录[43],要直接验证国父们的观点——就像在《联邦党人文集》中一样——是不可能了。另一方面,弗吉尼亚和肯塔基的决议依然顶着现代宪法样本的光环。然而,正如斯托里随后在"马丁诉亨特的租户案"[44]中措辞强硬地指出,历史论证并没有完全失效,它依然是联邦司法管辖权的辩护理由。斯托里坦言,联邦最高法院对上诉案件的管辖权凌驾于各州,其最主要的理由,在于"要保持全联邦境内所有涉宪问题判决的一致性。在不同的州,同样博学且正直的法官可能对国会立法或者条约,甚至是宪法本身有不同的解释。如果不存在一个复审权威来控制这些可能存在冲突的判决并将其统一,合众国的宪法、法律和条约在不同的州便会不一样,这就可能导致它们在哪怕两个州之间都永远不会拥有相同的解释、义务以及效力。若在这些问题上的公开分歧无法弥合,我们相信,它们绝不能逃脱形成宪法的那些进步的惯例。"因此,斯托里从讨论实际后果转向了考察历史原因。弗吉尼亚州法官完全有理由宣称"即使天堂坍塌,正义也需实现",然而,我们能够相信宪法之父面对需要全力以赴去修补的邪恶时,依然保持如此轻松的态度吗?不仅如此,反对案件可以上诉至最高法院的那批人为了避免他们所支持的体制腹背受敌,最终放弃了自己热衷的逻辑。不像之前宾州那样猛烈攻击,他们抓住《司法法》中允许案件从州法院移交到联邦法院的某些规定,认为国会原本有权力利用这一机制,授权联邦法院对《司法法》第二十五条所涉上诉案件的专属管辖权。但是,斯托里说:"移送案件的权力在联邦宪法任何部分的明示条款中都找不到;如果它的确在宪法中存在的话,那只能是通过暗示,作为一项以执行明示权力为目的的必要且适当的权力而存在……我们认为初审管辖权已经在别处作出了规定……如果移送案件的权力被包括于对上诉案件的管辖权中,那也只能因为它是实施上诉管辖权的一种方式。国会不受宪法上的任何特殊模式和时间的限制,它可以授权案件在审判以前或者审判以后进行移送……如果宪法规定的上诉权不包括州法院中正在进行的诉讼,移送案件的权力则不能应用于此。"简言之,如果宪法允许案件从州法院移送到联邦法院,那么出于同样的原因,将案件从州法院上诉至联邦法院也应由宪法允许;并且,这两项权力都侵害了"各州裁判庭平等的管辖权与独立性"。

斯托里的论证得到了《联邦党人文集》最权威的支持,倘若这一论证还能得到麦迪逊的制宪会议笔录的印证,那么,它原本可以立即且一劳永逸地解决它所处理的问题。然而,这些意见直到 1840 年才得以和"马丁诉亨特的租户案"的判决一并公开。因此,马歇尔大法官任期结束在即,问题依然存在,并成为一桩争议中首当其冲的较量。在"科恩兄弟诉弗吉尼亚州案"(Cohens v. Virginia)中[45],原诉中的原告错遭指控,因在哥伦比亚特区销售国会发行的彩票而被审判并受惩罚,处罚的背景是,州本身是一方当事人。为州享有豁免权而辩护的人们充满自信地为此辩解,认为诚然这是一个"产生于宪法之下"的案件,而且从当时来看,尽管联邦最高法院在该类案件上具有审理来自州法院上诉的管辖权,但是有一个特例必然会引发争议,那就是:州是一方当事人。这一特例是被宪法原文、尤其是第十一修正案所预见到的。这一修正案被解释为宣告了贯穿于整部宪法的意图,因此也就形成了宪法解释的一个约束性规则。最终,马歇尔撤销了原审的错误判决,理由是国会制定的彩票公司章程,并没有意图在哥伦比亚特区之外得到执行;因此,根据弗州法院的判决,它也没有违反任何联邦法律。但在马歇尔做出上述论证之前,他改进了在"马伯里诉麦迪逊案"判决意见中的推理模式,运用了不同于此前所有论证模式的原则,分析并反驳了弗州法律专员对宪法问题的每一处论证。马歇尔尤其反对州主权原则,即州主权平行于联邦主权。这一观点的依据来自宪法第六条,他认为这一条不仅要将联邦权力至上的原则灌输给州法官,对于教育联邦法官也同样必要。在引用该条文之后,马歇尔继续写道:"宪法是美国人民宣示主权的语言。它用那些清晰的、不会让人误解的路线标示出了邦联政府和州政府之间的本质区别。全国政府尽管受到其目标的限制,但仍然高于其他目标。这一原则就是宪法的一部分;就算有人质疑它的必要性,也绝不能否定其权威。"他接着写道,第十一修正案在这一基本问题上也没有改变宪法。第十一修正案的动机不是"要将主权州降格,强迫它在联邦法庭上出庭……它并没有包含两个及以上的州之间的争议,或者一州和某外国之间的争议。法院的管辖权依然扩展至这些案件,在这样的案件中州为一方当事人。我们必须将这一修正案理解为并非仅仅考虑州的尊严。"要找到原因并非易事。"那些曾经被禁止对某一州提起诉讼的人,或者在第十一修正案之前不能追诉某个州的人,都将受益于该条修正案。"不仅如此,正在进行中的诉讼并非针对弗州,而是由弗州提起的针对国会立法的诉讼。因此,之前的错误令状仅仅是根据《司法法》相关条款免除了"监督法庭的记录"。马歇尔对宪法问题的看法总结如下:"宪法是为未来的世纪而制定的,为了达到人类制度可能最大程度地接近的不朽而定……过去的人们制定宪法,今天的人们可以改变宪法……但制定或者改变宪法的至高且不可抗拒的权力仅属于人民全体,而不是人民中的任何一个部分。任何一部分人试图行使该权力都是对人民权力的篡夺,理应受到那些他们所排斥的人的排斥。"马歇尔从一开始就洞察的事实证明了这段话的正确性。州在联邦司法管辖中的豁免,也就是我们所称的"州介入"(State interposition)理论,或者按《肯塔基决议》中使用的术语"州对联邦法令的拒绝执行或承认"(nullification),的确可以帮助摆脱自相矛盾;但这对于国家权力的肌体具有破坏性的影响。

1819年3月24日,马歇尔在从弗州写给斯托里的信中,谈到"麦卡洛克诉马里兰州案"(McCulloch v. Maryland)。他说:"我们在银行案中的判决意见唤醒了弗吉尼亚州沉睡的精神——如果说之前它一直在沉睡的话。"[46]若该判决意见产生的影响尚且如此,我们不难想象两年后"科恩兄弟诉弗吉尼亚州案"判决的影响。麦迪逊一直想要坚持他最初的想法,在1809年回归了初衷。他在致罗恩法官的信中写道:"联邦宪法中的戈尔迪之结大概就是联邦权力和州权力的冲突,尤其是它们最终在各法庭上的较量。"如果这样的冲突不能由"宪法文本加以解决",麦迪逊不希望出现"政治上的亚历山大大帝"(political Alexander)来尝试解决。与此同时,他也"始终在思考一个抽象问题,即究竟是联邦还是州的司法判决应该更有权威性?更合理的政策是不是应当服从前者的判决?"[47]另一方面,日渐年迈的杰斐逊把对联邦司法系统的厌恶成功发展成了偏执。以他惯常的冷峻风格,杰斐逊说联邦法院就像"由工兵和矿工组成的狡猾的部队,不依不饶地在暗地里削弱联邦肌体的根基"。他还一再将联邦法院比喻为"就像地心引力,总是轻手轻脚、从不声张,却能步步为营、占稳地盘"。他将"科恩兄弟诉弗吉尼亚州案"视为约翰·马歇尔篡权的顶峰,预言当三到四个州受到类似弗吉尼亚州的不当对待时,联邦最高法院的司法自负必会招致抵制。[48]这个预言当真兑现了。

"奥斯本诉银行案"(Osborn v. the Bank)[49]宣判于1824年,也导致了第十一修正案再次被提出。马歇尔在判决中确立了如下原则,即针对州官员基于某项违宪法律的行为而提起的诉讼,并非针对官员所在的州,而是针对该官员本人,应当由其本人独立承担责任。此外,联邦最高法院在决定对该案的管辖权时,可以审查被诉官员行为所依据的法律的合宪性问题。这一司法判决只是早已开始的联邦司法权之争的一个小插曲。两年前,俄亥俄州就已登上了联邦法院的政敌的名单。从1821至1823年,由于最高法院对"格林诉比德尔案"(Green v. Biddle)的判决由四名审理法官中的三名宣判,未达到生效判决的多数,肯塔基州也成了俄亥俄州反对最高法院的同盟。[50]终于,在1830年,首席大法官马歇尔在塔沙尔案(Tassell's Case)中的判决意见将联邦最高法院带入了与佐治亚州的争议中。[51]在这些争议中,倡导州权的领袖当然是这些州的立法机关。但早在1821年,国会也卷入了这场争吵。同年12月12日,来自肯塔基的参议员理查德·M.约翰逊提出了一项宪法修正案议案,其最基本的目的,是用参议院取代最高法院来处理所有宪法争议。[52]该议案通过了二读,经参议院全体成员数次审议,最后还是被搁置了。九年后,众议院司法委员会提出了一项废除1789年《司法法》第二十五条的法案。该法案得到司法委员会多数支持,以及一份精致但缺乏诚意的报告的论证。詹姆斯·布坎南作为少数派提交了一份同样精致的报告。他的报告并没有就两派各自坚守的立场提供更多的新论据,但双方都陷入了严重对峙。联邦最高法院的反对者同时也嫉妒地方上的自由,坚持将宪法案件定性为联邦与州之间的争议;而另一方面,联邦法院的辩护者将其司法权视为对个体自由的保卫者。[53]"首先,"少数派报告说道,"保障个体权利是所有政府的主要任务。在《司法法》相关条款覆盖下的几乎每一个案件中,联邦宪法、国会立法或者条约都会对保护个人提出异议……如果该条款被撤销,则所有那些重要的个人权利都会被剥夺。"经简短辩论,众议院以 138 对 51 的投票结果否决了该撤销法案。在这反对的 51 票中,15 票来自弗吉尼亚,8 票来自肯塔基,南卡罗来纳贡献了 7 票,还有 5 票出自佐治亚,剩下的票数几乎均等地来自南北各州。同样是这 51 票,受杰斐逊的影响,大多数反对者是来自弗州的民主共和党人。[54]1832 年,马歇尔作出了"伍斯特诉佐治亚州案"(Worcester v. Georgia)判决,再次重申在"科恩兄弟诉弗吉尼亚州案"判决中的原则,尽管杰克逊恶劣的态度使其成为空洞的威胁(brutuml fulmen)[55]。四年之后,坦尼成为首席大法官。坦尼曾是主张州权的民主党人,信奉州和联邦的双重主权论。但是他严格遵守前任马歇尔大法官建立的先例,尊重联邦法院的宪法地位,想方设法调和他的信条。在"普里格诉宾夕法尼亚州案"(Prigg v. Pennsylvania)中[56],尽管审理法官们对具体争议的推理各异,法院还是根据"科恩兄弟诉弗吉尼亚州案"这一先例做出了全体一致的判决,认定涉案的州立法违宪。在"阿伯曼诉布思案"(Ableman v. Booth)[57]中,坦尼以双重主权原则反对州权论,成功地确认了联邦最高法院在1789年《司法法》第二十五条之下对类似案件的管辖权。在"司各特案"(Dred Scott Case)[58]判决意见中,他宣布一项国会立法违宪。不仅如此,在所有这些判决意见中,坦尼都推崇国家司法权优于其他部门,由此招致了大量反对意见;上文提及的最后一个案件判决,更是让其他部门震怒不已。

最后,让我们转回到各州内的司法审查问题。我们立刻会发现,从费城制宪会议到1800年选举之间的这段时期,法院是否有权审查州宪法之下州议会的问题,引发出一个更重要的问题,即这一权力的合法性范围。

我已经提到过对成文宪法的最初看法。宪法被视为是一种社会契约,一个处于革命状态或者自然状态下的社会方案。相应地,宪法固有的根本特征不仅来自其渊源,更是来自其时代背景。就像克伦威尔的政府机制一样,宪法包含了"一些最基本的东西":对个人权利的列举是最基本的;在独裁体制下,为所谓的安全考虑,也会同样列举个人权利,但什么也兑现不了。换句话说,权利之所以是基本的,不是因为它们写在了权利法案中,相反,它们之所以写在权利法案中,是因为它们在本质上就是基本的。但现在假设这些明列的权利仅仅是部分的和不完整的,这肯定不可避免,那么,那些没有列出的权利是不是会受到减损?美国宪法第九修正案给出了关于这种偶然性的观点。让我们来看看这种观点融入成文宪法后形成了怎样的特征:它包含了"一些最基本的东西",但并不是所有都是最基本的。换言之,宪法就是一个核,一个分散于相对更宽泛区域的权利的中心。[59]假设某一未列举权利被州侵犯,为了保护这项权利而实施的司法救济会和那些明示的权利一样吗?答案似乎显而易见;但另一方面也须考虑议会主权原则。司法审查从一开始起就建立在普通法上的权利、理性和自然法基础上。然而,建立司法审查制度最大的障碍还是议会主权这一原则,这一原则的基础即这样一种假定:立法机关并非仅代表了人民,它本身就是人民。但应该继续实施司法审查的观念获得的支持日渐强大,那么,问题则变成司法审查如何与议会主权相调和。想要解决这个难题,必须将"人民"定位为立宪主体。随之而来的结果是,一方面,这使得作为实证法的宪法的权威性不再来自其时代背景,而是存在于其渊源中;另一方面,这使得普通立法机关的地位低于制宪主体。司法审查由此从以自然法则为基础转变为以成文宪法为基础,同时,也从阻碍人民主权的实现变成实现人民主权不可或缺的工具。但是,这样的转向和转变真的完成了吗?这是摆在我们面前的问题。

"鲍曼诉米德尔顿案"(Bowman v. Middleton)[60]是联邦宪法通过后最早的司法审查案件之一。在该案中,南卡罗来纳州最高法院推翻了1712年一项殖民地立法,将继承人依照该法律享有的不动产判给了另一个,理由是1712年的立法"侵犯了普通法上的权利,也与《大宪章》对不动产所有权转让的规定相左,即,非经任何补偿,或者由陪审团法庭决定,不得改变不动产所有权的归属"。因此该立法"当然地违宪,不可再继续实施,因为该立法的基础乃错误的原则"。塞耶(Thayer)教授在《宪法案例》一书中对该判决进行了点评。他努力寻求该案判决与当时盛行的现代宪法理论之间的一致性,将法院视为与立法机关平行的部门,那时南卡罗来纳州依然是英国议会和《大宪章》认定的皇家省份。[61]但我认为,这根本不是前述引言的要点,它应该指向的是《大宪章》和"普通法权利"的内容而非形式渊源。问题在于,塞耶教授的评价在此表明了梅特兰教授所说的"法律职业谬误",也就是说,"现代思想的提前涌现"。* 当今法院一旦冒险宣称"普通法权利"的原则、"自然正义"等作为宪法案件判决的依据,就立即将自己暴露在法院已经僭越了其宪法职能的批评中。但如是批评的起点就是承认议会主权原则。1792 年,在

---

* "现代思想的提前涌现"("the antedating of the emergence of modern ideas")见 Frederick Pollock(Sir),Frederic William Maitland 所著 The History of English Law, Volume 1(London: Cambridge University Press, 1968)一书的导论部分。也有观点认为,Maitland 原意是对英国法律传统连贯性特征的赞扬,见 P B M Blaas 所著 Continuity and anachronism: parliamentary and constitutional development in Whig historiography and in the anti-Whig reaction between 1890 and 1930, p. 259(The Hague [etc.]: M. Nijhoff, 1978)。——译者注

"鲍曼诉米德尔顿案"之前,议会主权原则尚不那么清晰;相反,法官们的法理学视域中还包括"基本法"这一更为古老的概念。结果,南卡罗来纳州法院或许感觉到,它完全不是把判决建立在"普通法权利"的基础上,而毋宁说是诚实地依照了"基本法"观念,这一观念在当时绝不只为法院所坚持。[62]

关于宪法的新老观点,以及后来出现的司法审查的基础和范围等原则,在1798年"卡尔德诉布尔案"(Calder v. Bull)[63]中发生了第一次冲突。在该案中,康涅狄格州通过的一项立法向遗嘱法庭发布了一个指令,授予了某类特定案件的上诉权,而此项权利在全国性法律中从未出现过。该项立法受到质疑,被认为违反了联邦宪法中"禁止法律追诉"的规定。法院支持该项立法,理由是宪法中关于"禁止"的定义应当被限制在刑事立法中适用。然而蔡斯大法官在陈述其观点时,利用这个机会阐明了他的观点:即使宪法不应该明示对立法机关权威的限制,他不同意"州立法机关万能论,或者说立法权是绝对的,不受控制的——尽管在宪法和州的基本法中没有明确对这一权力做出过限制"。蔡斯随后又列举了一些法案,立法机关若要通过则必定超出其权限,比如:一项惩罚公民"违反不存在的法律"的行为的法案,一项破坏或者损害"公民之间合法的私人契约"的法案,使某人成为自己案件法官的法案,未经 A 同意将 A 的财产转移给 B 的法案。这样的法案违反了共和政府"最重要的原则"和"社会契约","无法想象"通过这些法案的权力授予给了立法机关,因为"立法权的本质和目的就是要限制这类权力的行使"。这一观点被蔡斯的同事艾尔德尔称为是"有头脑的法学家"的观点,尽管艾尔德尔早先曾激烈地发表过反对意见。蔡斯在布莱克斯通关于议会权力的论断基础上确立了他的规则:"如果一个由立法、执法和司法部门组成的政府,建立在宪法没有限制立法权的基础上,那么一个不可避免的结果就是,立法机关无论通过什么法案都是合法的,而司法权永远没有机会介入其中来宣布法案违宪。"

蔡斯和艾尔德尔之间的争议集中于如下问题,即州宪法的本质和目的是什么?很显然,对蔡斯来说,州宪法的本质就是授予权力,否则它就不存在;而其目的在于限制权利,否则权利就是无限的。由此,顺理成章的,"立法权"是一种以特别的方式,为了特别的目的而行使的特别的权力,舍此无他。而另一方面,在艾尔德尔看来,州宪法的目的是配置并限制权力,否则它们就会变得无所不能。从这一观点可推出,"立法权"一词只是"主权"的另一种表达。到目前为止,至少在联邦最高法院中,艾尔德尔的观点似乎更符合当时趋势。"库珀诉特尔费尔案"[64]来自巡回法庭,最高法院取代州法院对其进行审理。案件争议焦点是佐治亚州在1782年通过的一项法案的合宪性问题。该法案宣告某些人犯有叛国罪并被没收其个人财产,其中包括了本案中的原告。原告主要依据的是州宪法第一条:"立法、行政和司法部门的权力必须分离且清晰,互不隶属。"以及州宪法第六条,该条规定非经陪审团审判不得定罪的个人权利"永不得被剥夺"。尽管宪法作了上述规定,但本案中所涉的法案依然在佐治亚州宪法"没有明示禁止立法机关通过剥夺和没收财产权和公民权的立法"的理由下得以通过。在协同意见中,蔡斯大法官表示"不能把宪法的基本原则视为是有约束力和控制力的规则,它们仅仅是宣示性的和指导性的"。他继续谈道:"即使是宪法自身,我们也会不断发现背离理论上的原则的痕迹,从理论上讲,立法、行政和司法分权必须非常明确。"与此同时,蔡斯也谈及一个事实,即被审查的该法案是在革命时期通过的;由此,必须要考虑这一情况。他宣布:"很少有革命时期的立法能经得住现有标准的检验。"这个观点非常重要,因为它最终导致了法院在本案中没有应用本来也许可以适用的最严格标准来进行合宪性审查。

然而,"1800年革命"产生了什么样的影响?革命时期产生的观念意识对各州的司法审查又造成了什么影响?当然,各州的情形大体上都取决于州自身。有一些州比别的州更容易接受民主运动:对于边疆州和农业州来说更是如此,海滨州和商业州则步子慢些。一些州较早地建立了先例以推进司法审查;而有些州则在民主运动兴起后仍无这方面的案例。在一些州,法院的地位较其他部门更为巩固;在另一些州,特别是康涅狄格和罗德岛,立法机关在1800年,以及州最高法院在此后很长时间内,几乎完全无所作为,因而司法审查也是如此。在有些州,宪法纳入了权利法案,最终使三权分立原则和自然权利原则获得了民主化的现实形式;但依然有些州的宪法没有纳入权利法案。显然,面对具体情况,我们必须具体分析。

也许反对司法审查的第一个音符是由来自康涅狄

格的斯威夫特奏响的,他的名著《康涅狄格州的法律体系》出版于1795年。[65]他坚决反对自然权利原则,尽管他也承认一些措辞纯粹是为了行文便利。"当人类进入社会状态时,他们放弃了部分自然权利,来保存其他权利的安全——这样的主张实乃大谬……这种社会状态和自然状态的比较,尽管前者是人为的而后者是自然的,亦有悖于真实。没有任何人类行为的原则会比促使人类为了互利而共同协作更为自然。"在这个意义上,亚里士多德可以驳倒洛克,以及其盟友霍布斯和边沁。斯威夫特认为,严格说来,并不存在所谓的自然权利,有的只是市民权(civil rights)。"市民状态被认为与社会状态是一样的。在市民状态下,政府实施管理,社会成员获得了某些只有在市民状态下才能享有的实在的权利。这些权利因此被认为是市民机制的馈赠和产物。由于一个人成为社会的一员,他就成了一个所有者,有权获取资本——这些都不是在自然状态下可以获得的。"从这一学说不可避免地会引出斯威夫特的"代表政府"论。他坚持认为:"代表们代表的是人民,由宪法赋予了他们所有权力。因此,由代表们组成的立法机关正是人民中的大多数人和政府最高权威的浓缩。他们没有义务遵从指令,也不用和人民商讨意见。他们只需守其位,谋其政。他们有权采取那些他们认为最能促进共同体福祉的措施。如果集会并商讨其共同利益的方式可行,他们亦会如此行动。"但是,不管是否明显,建立在这一原理基础之上的司法审查又是怎样的?"在通过任何一项立法之前,"斯威夫特继续论证,"他们(立法机关)必须考察和确定该法案是否与宪法一致。作为最高权力,同时也受到先例的约束,立法机关的决定必须是最终的和结论性的。承认法院对立法机关已经决定的问题有权再重做决定,这一想法无疑荒谬至极,而且是在降格立法机关。如果司法机关有不同意见,就可推翻法案,宣布议会立法无效,这是将司法机关提升到凌驾于立法机关的位置;授予了司法部门至上权力,使得他们能够撤销所有议会立法,并挫败政府的所有措施……当最低级的裁判庭获得审查和决定议会立法是否合宪的权力,立法机关在人民眼中将失去所有尊严和崇敬。一项如此威胁人民的权利且降格立法机关尊严的原则,完全背离了真实和理智。"幸焉不幸,斯威夫特的警告就算在康涅狄格也没有受到重视。1818年,康州颁布了新宪法,这部宪法里,立法和司法功能的区分远较殖民地时期的宪章清晰得多。结果,从那以后,康州法院行使司法审查权再没有遇到障碍,由此逐渐唤醒了成文宪法和自然权利理论;当然,必须要承认,康州法院对司法审查的适用采取非常严格的限制。和康州形成鲜明对比的是其殖民地时期的伙伴罗德岛。罗德岛直到1842年才废除殖民宪章。在"特雷韦特诉威登案"(Trevett v. Weeden)后,罗德岛超过五十年的时间内再也没有司法审查的案例出现。[66]

新泽西、弗吉尼亚和宾夕法尼亚诸州都有普通宪法（normal constitutions），且都经历过反对司法审查的时期。1804年，新泽西出现了"州诉帕克郝斯特案"（State v. Parkhurst）[67]，也许因为原告律师都是布莱克斯通的子弟，他们极力主张州宪法不允许司法审查的存在。然而法院重申了其司法假定，就像随后几年不断重复的那样，其主张的基础也正是自然权利论。1809年"埃默里克诉哈里斯案"（Emerick v. Harris）[68]中，宾夕法尼亚最高法院遇到了一个类似的论证。艾尔德尔式的在成文宪法之下的议会主权原则，给首席大法官蒂尔曼出了个难题。然而在后来的案件中，特别是1825年的"伊金诉罗布案"（Eakin v. Raub）[69]，蒂尔曼借鉴了吉布森法官对当时首席大法官的著名的反对意见，在更宽松的理由上全盘否认了州宪法之下的司法审查。"在这个国家，"吉布森论证，"司法系统的权力应该和那些政治的以及纯粹民事的权力区别开来。"然而，政治权力是"如此特殊而偶然",大部分来自美国宪法第六条的授权。因此,在州宪法之下,州司法系统的权力大部分是民事的,通常被认为是行政权的一个分支,而"立法机关则被视为整个州主权的栖身之所"。由此说来,我们假定的司法审查权的基础究竟是什么?宾夕法尼亚州宪法显然没有明文授予法院这样的权力。当然,它承认司法部门的职责是"确认并宣布法律是什么,必要时也包括宪法在内"。不仅如此,司法审查的鼓吹者自身也说,这一权力必须被限制在"那些毫无争议或者疑难的案件"中适用。但这样说也是"对'如何合理行使司法审查权'这一疑问的背叛。即使是同样的证据被运用在判断那些实施时无法计量的权力的过程中,法官们也可能会得出不同结论"。但必须再次申明:司法权是由宪法确立的并宣誓支持宪法。这究竟有什么意义?"应当说,司法部门是一个平行部门,并不仅是因为其产生于宪法。如果这个理由就足够充分的话,那么,警长、选民意愿登记以及不动产契约登记都可以说是产生于宪法。在其职权范围内,这些行政官员及行为也都来自人民的授权并为了支持人民,但没有人会认为它们享有与议会制定的法案同等的尊严。在议会的法案中,他们与人民之间享有同等的尊严。这些机构间等级的不平等并非来自其构成的方式,而是因为机构职能的本质与特征不同;立法机关高于其他所有机关,就好像发布意志和命令的权力高于执行和服从的权力。"至于说到宣誓,它要么旨在"确保不同分支的权力之间互相不得僭越",因此"可以产生足以对抗司法权的理由";要么是"拥护某一特定形式的政府"的普遍誓言,需要每一位公民作出承诺——但这样的宣誓并不妨碍公民呼吁宪法的总体变革;要么仅仅是一项"只与官员公务行为有关"的宣誓,并不授权官员"不务本职却介入其他事务"——如若真如此,那就需要官员为自身的违法乱纪承担责任。但最终是何种宪法权力让法院自认为其拥有了这一司法审查权?"举个例子,假设法院已经实施了宣布某一法案违宪的权力,那么,这一权力是如何实施的?即使立法机关认为这是法院的错误做法,它也只能承认这一决定。但立法机关为什么必须承认司法判决呢?唯一的原因是立法机关有义务尊重政府的其他部门,反过来它也才有权得到其他部门的尊重——这就是理由。"基于同样的理由,立法机关"至少也拥有和司法权平等的在宪法解释之上再加上一个解释的权力",由此,它也有同等的权力要求法院承认它对宪法作出的解释,如此一来,司法审查也就走到了尽头。由是之故,吉布森法官认为,州宪法之下的司法审查就是一个"职业教义","事关信念",而非"出自理性"。担任首席大法官以后,吉布森"从案件的必然性"出发改变了观点[70],但最后,他定义了司法审查的范围。大体说来,吉布森的司法审查以议会主权论为出发点,且将审查权限定在州最高法院,下级裁判庭无权行使。[71]在弗吉尼亚,对司法审查权的反应尤为积极,毫无疑问是基于以下两对关系中的逻辑联系:联邦体制下的州权理念以及州内的议会主权。从1793年"坎珀诉霍金斯案"宣判以来,至内战爆发,弗州上诉法院审查了超过20个案件中的州法的合宪性,仅宣布一项立法违宪,以及一项立法早在判决之前数年就已经被撤销。[72]相反,在马里兰和南卡罗来纳,州权原则并没有直接制约司法审查,但在相对较迟的时期,这两州法院都以自然权利原则为出发点定义了自身的宪法功能。[73]

现在让我们转向那些更为年轻的地区。随着宪法在各州陆续批准,国家得以建立。我们发现,佛蒙特直到1814年才出现司法审查。[74]佐治亚是在1815年,其后还引发了立法机关的抗议。[75]另一方面,在西部新成立的州,司法审查很快伴随着州宪法的制定而确立下来,这一现象是基于其并非合众国"原始州"的事实,但诸位先贤还是带来了他们出生的东部州的政治和法律思想资源。肯塔基早在1801年就有了司法审查,[76]田纳西是1807年,[77]俄亥俄是1806年或者1807年。最有趣的案例来自俄亥俄。1805年,该州立法机关通过了一项规定治安法官职责的法案。州第三巡回法庭的法官宣布这一法律的部分条款同时违反了州宪法和美国宪法。法院对后者的判断标准来自美国宪法头八条修正案,这些修正案在当时被认为既约束州又约束联邦。联邦最高法院维持了这一判决。众议院在1808至1809年会期中,投票通过了对两位当案法官的弹劾决议,最终那两名法官逃过一劫。[78]十多年后,又出现了类似的反对情形,最后一次立法机关对于司法审查的为难,出现在肯塔基。那时肯塔基立法机关正准备全副武装对抗联邦最高法院"格林诉比德尔案"的判决。立法机关公然抨击联邦法院系统可以理解,毕竟立法机关已经把注意力转向了平行的司法机关的类似主张,而司法系统理应和立法机关相互合作。该州上诉法院在正式宣布了一些立法是"合宪且有效的法律"之后,州议会又开始对州长要求罢免几位法官的动议进行投票。当投票没有达到需要的2/3多数时,议会转而尝试直接取消了若干法官职位,后又再选任了四位新法官。随后该州议会新出现了两个政党,一个被称为是"老法院党",另一个是"新法院党"。直到1826年,"新法院党"胜出,议会对司法系统的斗争告一段落,一切复归原初。[79]

宽泛地说,如果我们回到美国宪法史的角度,在南北战争之前,司法审查在各州的历史,其实就只有四个州的司法审查的历史:新罕布什尔、马萨诸塞、纽约以及北卡罗来纳,尤其是后三个。新罕布什尔的贡献在于,该州法院坚持三权分立原则,该原则在1783年制定的州宪法中有着正式表述。[80]马萨诸塞州新宪法的显著特征体现在它打上了强调司法审查的烙印,州宪法第一章第四条规定如下:"完全的权力和权威授予全国法院,以制定出健全和理性的命令、法律、法规以及律令……上述规范不得与本宪法相悖,法官必须依照本州的利益和福祉作出判断。"该段文字中有一个关键词"理性"(reasonable),这是马萨诸塞州最高法院作出限制立法权的解释中频繁使用的术语。[81]在纽约州,司法审查基本上是由肯特法官开创的。然而,在肯特退休后,成文宪法中的议会主权原则在纽约州迅速流行开来。这个潮流是如何兴起的?纽约州法院应对时局的态度是:不管承认还是拒绝自然权利学说,其始终坚持立法权有限的原则——这就给它留下了解释"立法权"的权力。[82]不过,对司法审查作出的最重要的贡献,来自北卡罗来纳,与此同时,该州法院也是最早遭遇议会主权原则挑战的法院。北卡罗来纳的故事几乎与现行宪法同龄,需要另就他章方可详述。[83]

至此,本文总结如下:司法审查建立在基本法(*fundamental law*)的原则之上。正如我们逐渐理解到的那样,司法审查在对制约立法权产生实际功效的这一过程中,始终坚守这一原则。直到十七世纪初,英格兰的国家权力才受到法律限制。彼时,这些权力是彼此混同的,类似罗马共和国。权力以一种笼统的方式存在于重要的国家机关中:国会、法院、行政机关;基本上,政府功能未作严格区分,也没有像我们今天一样准确地被指派到相应部门。只有从十七世纪初以后,这样的区分才被纳入有意识的实现进程。然而,英语民族的两大分支却走上了相当不同的道路。在大不列颠,分权服从于议会主权原则,并因此由议会主导,结果导致大不列颠的宪法是制定法性质的,或者说建立在制定法的基础上,最终是为了维护国家自身。另一方面,在美国,通过唯有法官才能把握的建立在基本法原理之上的司法审查,政府功能的区分由法院来完成。由此,维护美国宪法的重任首先落在了私人身上,亦即"诉讼各方";宪法的原初目的,不在维护州的利益,而在保护个人权利。

附注:自从写完本研究的第一部分,对于"特雷韦特诉威登案"(R. I. 1786)的裁判基础,我已经有了结论。并非是基于司法管辖权,而是基于议会立法本身用语自相矛盾的特质。可以想见,这一事实的重要性我已经在别处作出陈述,见 Coxe, pp. 243-244。

[1] Annals of Congress, 1st Cong., 1st session. 见索引。众议院相关辩论参见 Maclay's Journal, passim。

[2] 参见 Annals, 2nd Cong., 1st session, pp. 325-9。

[3] 2 Dall. 409. 巡回法院在此的观点参见关于该案的注释,载 L. Ed. of the Reports, Bk. I, 436, note 2。

[4] Hylton v. United States, 3 Dall. 171.

[5] Ware v. Hylton, 3 Dall. 199; Calder v. Bull, 3 Dall. 386.

[6] 4 Dall. 14.

[7] Granch 137.

[8] Henry Adams, History of the United States, I, 274.

〔9〕同上，p. 257。

〔10〕Annals, 7th Cong., 1st ses., pp. 15-6, 23.

〔11〕同上，pp. 25-185, 510-985。

〔12〕Art. III, sec. 1; Art. 1, sec. 8, par. 9.

〔13〕参议院内来自弗吉尼亚的布雷肯里奇和来自加利福尼亚的鲍尔温代表了共和党人在此的主要观点，众议院内部则是弗州的贾尔斯和伦道夫。联邦党方面主要的发言人，在参议院中是宾夕法尼亚的罗丝，众议院里则是特拉华的贝亚德。

〔14〕Annals, pp. 178-80.

〔15〕同上，pp. 180-82。

〔16〕同上，p. 529，北卡罗来纳的亨德森直言：佐治亚的鲍德温，以及马萨诸塞的培根，是共和党人接受了司法审查的好例子；后者的备注参见 p. 982。

〔17〕同上 p. 658。

〔18〕参见杰斐逊在1801年12月19日写给迪金森的一封信，载 Works (Washington) IV, 424, 转引自 Adams, I, 257；又见 W. E. Dodd, Chief Justice Marshal and Virginia, 载《美国历

史评论》卷 XII, 756, ffg。

[19] Art. II, sec. 4.

[20] Adams II, I43, 153-8.

[21] 同上 p. I47。

[22] 同上, ch. X。

[23] 参见 Herman V. Ames, Amendments to the Constitution, pp. 149-51 以及 App. 366, 371, 380-83, 385, 389, 398, 402, 405, 456, 508a. (Am. Hist'l Assoc. An. Rep. I896, Vol. II)。

[24] 制宪会议中关于州主权的讨论，参见 Madison's notes, 日期为 6 月 9 日,11 日,16 日,18 日,19 日(尤见 King's speech),21 日,25 日,27 日,30 日,以及 7 月 2 日。《联邦党人文集》亦有相关内容,参见 Nos. 39, 62, 81。各州制宪会议中的同样讨论,尤见 Elliot IV, 125。

[25] 2 Dall. 435.

[26] Art. III, sec. 2, the fifth cl.

[27]《联邦党人文集》81; Eliot III, 551, ffg。

[28] 前引 Ware v. Hylton 和 Calder v. Bull 两案,见注 5。

[29] 2 Dall. 304.

[30]《联邦党人文集》No. 39。

[31] 参见 the Case of the Judges, 4 Call (Va.) 135。

[32] Letters and other writings (1865) I, 195.

[33] 关于这两个决议,参见 MacDonald, Select Documents, 148-60;或见 Elliot, IV, 528-32, 540-45。

[34] Writings IX, 444-7, 489-92, 495-98.

[35] 见注 33。

[36] Herman V. Ames, State Documents on Federal Relations, Nos. 7-I5; Elliot IV, 532-9.

[37] Writings (Hunt) VI, 34I-406.

[38] 参见《联邦党人文集》44。

[39] 5 Cranch 136.

[40] Ames, No. 24.

[41] 4 Munf. (Va.)1.

[42] 参见 Part I of this study, in this Review, IX, 122-5.

[43] J. C. Hamilton, History of the Republic of the United States, VII, 286; Cf. same VI, 383。该文献显示麦迪逊不连贯的意见成为宪法解释的标准。

[44] 1 Wheat. 304.

[45] 6 Wheat. 264.

[46] 引自 J. B. Thayer, John Marshall (Riverside Biographical Series), p. 86。

[47] Writings, IX, 65-6;同样内容可见 vol. pp. 55-63。

[48] Writings (Mem. Ed.), XV, 297-8, and 326;也可参见 pp. 389, 421, and 444-52。

[49] 9 Wheat. 738。

[50] Ames, Documents, Nos. 45, and 48-51.

[51] 同上, Nos. 58-60.

[52] Ames, Amendment, pp. 161-3.

[53] Register of Debates, 21 Cong. 2nd session, Ap. I xxxi-ii.

[54] 事实部分来自 Poore 的 Political Register (1878)。

[55] W. G. Sumner, Andrew Jackson (Am. Statesmen Series), pp. 226-7.

[56] 16 Pet. 539.

[57] 21 How. 506.

[58] 19 How. 393.

[59] 对于该关联的考察,参见 Patterson 大法官在 Van Horne's Lessee v. Dorrance 中的意见。该案前文已引。

[60] 1 Bay (S. C.) 282.

[61] Thayer I, 53n.

[62] 参见 McRee, Iredell II, p. 172, Iredell 明显在 Cokian 基础上而非成文宪法的角度讨论了司法审查权;又见 Works of James Wilson (J. D. Andrews) I, 415。

[63] 参见 note 5, above。

[64] 参见注 6。

[65] Zephaniah Swift, The System, etc.;本文所引部分来自 pp. 16-7, 34-5, 52-3。

[66] 康涅狄格州的情况参见 Goshen v. Honington, 4

Conn. 224；以及 Welch v. Wadsworth, 30 Conn. 149；罗德岛的情况可查询 1842 年之前的相关报告。

[67] 4 Halstead (N. J.) 427.

[68] 1 Binney (Pa.) 416.

[69] 12 S. & R. 330.

[70] Norris v. Clymer, 2 Barr. 277.

[71] Menges v. Wertman, 1 Pa. St. 218.

[72] Att'y-Gen'l v. Broadus, 6 Munf. 116；也可见 Turpin v. Locket, 6 Call 113。

[73] 参见 Regents v. Williams, 6 Gill and J. (Md.) 365；以及 Mayor of Bait. v. State St., 15 Md. 376；以及 St. v. Hayward, 3 Rich. (S. C.) 389。

[74] Chipman's (Vt.) Reports, Introduction, an instructive document.

[75] Simeon Baldwin, The American Judiciary, p. 112.

[76] 参见 Kentucky Decisions, 64。

[77] 参见 1 Overton (Tenn.) 243。

[78] Cooley, Constitutional Limitations, p.160, note 3.

[79] Baldwin, pp.112-15.

[80] 尤见 Merrill v. Sherburne 这一特别重要的案例, 1 N. H. 204; 以及 Opinions of the Judges, .4 N. H. 572。

[81] 尤见 James v. Holden, 11 Mass. 397; Foster v. Essex Bank, 16 Mass. 245; Baker v. Boston, 12 Pick. (Mass.) 184; Austin v. Murray, 16 Pick. 126。

[82] 参见 Dash v. Van Kleeck, 7 Johns. (N. Y.) 498, 将 Kent 的观点与 Spencer 进行的比较; 可比较 People v. Morris 中 J. Nelson 的观点, 13 Wend. (N. Y.) 331, 以及参议员 Verplanck 对 Cochran v. Van Surley 的评论, 20 Wend. 381-3; 又见 Benson v. Mayor of Albany, 24 Barb. 252 ffg.; 以及 Wynehamen v. People, 13 N. Y. 391 ffg. passim.; 以及 Sill v. Corning, 15 N. Y. 303; 以及 People v. Draper, 15 N. Y. 547。

[83] 参见 Univ. of N. C. v. Foy, 2 Hayw. (N. C.) 310; 以及 Hoke v. Henderson, 4 Dev. 1。

"马伯里诉麦迪逊案"与司法审查原则*

徐 爽 | 译

最高法院享有对国会立法之合宪性的审查权,这一权力确切的法律依据究竟何在? 近年来的论著在此问题上见仁见智、各抒己见。激进派认为这一权力是最高法院通过对"马伯里诉麦迪逊案"的审判篡夺而来。[1] 保守主义者力图向我们证明这一司法特权来源于宪法条款的特别授权。[2] 法律学家不满足于仅仅将司法审查

---

* 原文发表于《密歇根法律评论》第 12 卷第 7 期(1914 年 5 月),后收录于爱德华·考文著《司法审查原则:法律、历史渊源及其他》(*Doctrine of Judicial Review: Its Legal and Historical Basis and Other Essays*, Princeton University Press, 1914)。

权追溯到"马伯里诉麦迪逊案",他们坚信恰是随之而来的一系列事件使司法审查原则最终得以确立。[3]历史学家们则揭示,文献记录表明当年的制宪代表中,有相当一部分人分别在制宪会议召开之前、在议程中或会后表现出对司法审查的个人偏好。[4]此外,法律史家则认为司法审查是制宪时代普遍思想共识自然发展的结果。[5]在本文中,我认为最后这种观点总体上是正确的。然而,在接受这一观点的同时,我发现这里面还存在一些深层次问题。因为,如果说制宪时代的普遍观念能够成为司法审查的合法基础的话,那么,按照当时的理解,这些观念也应该会在宪法中得到体现,并且制宪者们也会将它们看作是司法审查的有力支撑,如此,方能实现逻辑上的自洽。考察这些问题正是本文展开之研究的目的。

一

那种认为最高法院凌驾于国会立法之上的权力是

从"马伯里诉麦迪逊案"[6]中得来的,这一观点明显不合逻辑。因为该案的判决意见要么以宪法为依据,要么不以宪法为依据。然而,如果按照前一种情况,宪法才是最高法院享有这一权力的真正来源;而在后一种情况下,依据法庭自己的推理,那判决意见就是错误的。不仅如此,我们还需意识到,无论最初的判决意见存在什么漏洞,都需要经过很长时间方能为其后的案例或社会意识所修复。下文将从这一视角来分析该案判决中存在的若干问题。

"马伯里诉麦迪逊案"起因于原告向最高法院提出的申请强制执行之诉。原告要求法庭向国务卿颁发强制执行令,要求后者将先前已经批准的委任状送达原告。对此,法庭一反惯常的审查程序[7],直接切入对案情的实体性审查,进而得出结论,认为这一强制执行令——如果能向有管辖权的法庭提出申请的话——本应是非常适当的救济措施。然而,接下来,事情并未就此了结。因为,尽管1789年《司法法》第十三条授权最高法院"在法律原则和(司法法)惯例准许的案件中……对公职人员发出执行令"[8],然而,这一条款违反了宪法第三条第二款第二段的规定。该段关于最高法院初审管辖权的规定,应当被解释为否定了同一条款中的其他任何权力。基于此,法庭宣布《司法法》第十三条无效,并以无管辖权为由撤销此案。

很明显,大法官撰写的判决意见必然会产生的首要问题,就是他关于宪法第三条第二款第二段的解释是否正确。为支持其立场,马歇尔原本可以引用《联邦党人文集》[9],但这样做的效果也可能适得其反。首先,从被否决的《司法法》相关条文来看,国会在通过这部法案时所持的观点与宪法制定处于同一时期;其次,事实上,在"马伯里诉麦迪逊案"之前,最高法院自身曾多次受理根据《司法法》十三条所提起的案件[10];再次,宪法授予最高法院司法管辖权的肯定性规定不能因此推出相应的否定性结论。因此,如果"马伯里诉麦迪逊案"确立的原则得以遵循的话,那么,国会就只能享有惩治伪造、叛国、海盗和反对合众国法律等行为的立法权。然而,事实上,早在1790年以前,国会已经根据"必要且适当"条款的概括性授权,享有了可惩治更多行为的广泛的立法权。[11]

然而,有一点必须要承认,排除性规则的确经常适用于肯定性列举的情况;因此,这里唯一的问题即是,宪法第三条第二款第二段是否同样适用于这一情况。谈到这一点时,大法官是这样说的[12]:"在本案中,必须对词语给予否定的或专有的含义,否则,它们就会完全没有用处。"但问题并非仅仅如此。因为,即使单从这段规定表达的"正面"意思来看,其所涵盖的具体案件也已经超出了国会的权限范围——这绝非无足轻重的小事。同时,大法官也未能结合该段话中的其他文字来更深入地论证自己的观点。他引用道,最高法院"对上述所有其他案件"具有上诉管辖权。正如他一直坚持的,这句话的意思是"对上述所有其他案件"只(merely)*具有"上诉管辖权"。很不幸,大法官用来支持其观点的这段文字后面紧接着还有一段话,他没有完整地加以引用:"但国会通过立法另有规定的……例外。"也就是说,宪法允许最高法院的初审管辖权存在例外情况。如果国会同意,这种例外为什么不可以采取由最高法院直接审理其原本享有上诉管辖权的案件的形式?!

不仅如此,连马歇尔大法官本人日后也遇到了必须抛弃其在"马伯里诉麦迪逊案"中确立之规则的时刻。重申一下这一规则,即,根据宪法,最高法院的初审管辖权被限定在第三条第二款第二段列举的案件范围内;并且——尽管这仅仅是一个判决意见——其上诉管辖权被限定在"所有其他案件"的范围内。值得注意的是,

---

* 原文为表强调,特以斜体显示,下同。——译者注

管辖权永远都只能要么是初审管辖权、要么是上诉管辖权;换言之,不存在第三种类型。由此,"马伯里诉麦迪逊案"所确立的规则,在逻辑上等同于最高法院对宪法第三条第二款第二段列举的案件只享有初审管辖权这一命题。然而,在"科恩兄弟诉弗吉尼亚州案"[13]中,最高法院对于"由本宪法"产生的案件享有的是上诉管辖权。同时,我们注意到,这一案件也是州为一方当事人的案件。对于这样的情况,根据前述规则,首席大法官是这样解释的:"考察宪法中关于最高法院上诉管辖的规定,在这段文字中,宪法授予最高法院的初审管辖权并不必然否定对上诉案件的管辖权,假使这一案件最初是由其他法院审判的。"[14]为进一步阐明这一规则,首席大法官举了最高法院审理联邦下级法院管辖的驻外领事上诉案件的例子。[15]同时,他还以相当确定的语气强调,这一(本身尚值商榷的)规则对于确保实现宪法目的是十分必要的。不过,显而易见,要想让科恩兄弟案中的这一规则与"马伯里诉麦迪逊案"确立的规则相一致,就必须把"所有"一词从宪法第三条第二款第二段中剔除出去,同时再在同一条款中的"其他"之前加上一些限定词;否则,"马伯里诉麦迪逊案"中运用的逻辑链就必须被抛弃,清楚明确的判决意见也因此变得面目模糊。[16]

但是,假设我们接受马歇尔对宪法第三条的阐释,他的判决意见是不是因此就可以避免错误?事实绝非如此。马歇尔判决意见的前提是,他认为1789年《司法法》的立法意图及必然后果扩大了最高法院的初审管辖权。而这个前提是不成立的。首先,在普通法司法实践中,按照《司法法》第十三条最初的立法意图,强制执行令并非(起码通常情况下不是)法院获取管辖权(甚至也包括对上诉案件)的工具,而只是行使常规管辖权的一个补救措施,类似于人身保护令或禁制令。那么,既然如此,这为什么就不可以是国会在制定这一法案时的立法意图？即,授权其颁发给联邦官员的强制执行令,并非意在扩大最高法院的司法管辖权,而仅仅是作为对宪法赋予最高法院初审管辖权的补充。有一点可以确定,法院曾不止一次在一审案件中确认过当事人提起的对联邦官员的禁制令诉求。[17]由此,很明显,在"马伯里诉麦迪逊案"中,原告提出的申请强制执行令也必然依据同样的理由。[18]

此外,颁布强制执行令通常不被认为是扩大管辖权,而仅仅被看成是在行使司法权的一种手段,这一原理于数年之后,最高法院在审理一起与"马伯里诉麦迪逊案"类似的案件时,得到承认并且加以适用。通过1789年《司法法》第十四条,联邦巡回法院被授予了实质上与第十三条相同的权力,即"在法律原则和(司法法)惯例准许的案件中"颁发某类令状。然而,在"麦金太尔诉伍德案"(McIntire v. Wood)[19]中,问题涉及颁发给公职人员的执行令的有效性。最高法院确立的规则是,在本案中,巡回法院在行使第十四条授予的权力之前,必须具有对该案的独立的管辖权。这一规则在后来的"迈克朗诉苏利曼案"(McClung v. Silliman)[20]中得到重申。但是,很明显,如果法院沿用"马伯里诉麦迪逊案"的推理模式,那它就不能质疑1789年《司法法》第十三条的有效性。实际上,法院遵循的只不过是在今天看来众所周知的宪法准则,即,如果某一成文法同时存在两种可能的解释,一种符合宪法原意而另一种与宪法原意有偏差,显然,前者必须得到优先考虑。[21]这一原则并不是在挑战被审查的法律。由此,根据宪法第三条第二款第二段的规定,最高法院依然可以毫无疑义地否决对"马伯里诉麦迪逊案"的管辖;但是,从最高法院据以作出这一判决的原因来看,问题在于原告有错,而非是国会的错误。

简言之,在"马伯里诉麦迪逊案"中,最高法院本来没有正当理由来寻求其自身对国会立法所享有的特权。

但是,接下来马上有人会问,既然如此,法庭为什么还要对国会立法进行审查?对于这个问题,部分答案将在后文出现,部分答案现在就可给出。坦率地说,"马伯里诉麦迪逊案"的判决带有浓厚的党争色彩。最高法院有心向总统宣读一份对于上届政府已经任命但还没来得及送达的司法官员任职的法律和道德义务书,同时又相当犹豫要不要通过确认对案件的管辖权来中止这一争议。最后,最高法院选取了一个以退为进的姿态,表面上放弃行使宪法未授予的权力,实际为自己赢得了一个获取至高大权的机会。

二

但是,从"马伯里诉麦迪逊案"出发,我们要继续探讨如下问题:宪法文本到底有没有确认过司法审查?如果有的话,它又是以何种方式确认的?前面我已经表达过我的看法,即,宪法中没有具体条款明确宣示将这一权力授予法院,但这一权力存在于制宪者们认为的已经内涵于宪法中的一般性原理中。现在,我将试着来证明这一点。

参加1787年制宪会议的代表们认为美国宪法授予了法院审查国会立法之有效性的权力,这一点是不容置疑的。要证明这一观点,我认为唯一合适的做法是找到宪法起草及批准全过程中的有效证据。我们发现,下述制宪代表都曾明确表达过他们赞同司法审查的看法:马萨诸塞的格里(Gerry)和金(King);宾夕法尼亚的威尔森(Wilson)和古弗尼尔·莫里斯;马里兰的马丁;弗吉尼亚的梅森、伦道夫和麦迪逊;特拉华的迪金森;纽约的汉密尔顿和叶茨(Yates);南卡罗来纳的拉特里奇(Rutledge)和查尔斯·平克尼(Charles Pinckney);北卡罗来纳的戴维(Davie)和威廉森(Williamson);康涅狄格的谢尔曼(Sherman)和艾尔斯沃斯(Ellsworth)。[22]当然,这里只出现了五十五名代表中的十七位代表的名字;但是,请好好打量一下这些名字。它们代表了四分之三的会议领袖,包括具体起草宪法的五人细则委员会(Committee of Detail)[23]中的四位,以及敲定宪法最终形式的五人体裁委员会(Committee of Style)[24]中的四位。这些名字下的条目占了《法兰德联邦制宪会议记录汇编》(FARRAND'S RECORDS)索引的整整三十栏,相形之下,其他代表名字下的条目加起来,也不比前者多出多少。换言之,在这份名单中,我们看到这些人早在制宪会议之前,就已就各种议题充分发表了意见;而关于司法审查,他们自然也不会沉默。事实上,他们是制宪团队的领袖,同时也是宪法原则的阐释者。关于司法审查议题的文献记录中,只有马里兰的梅瑟(Mercer)、特拉华的贝德福德(Bedford)和北卡罗来纳的斯佩特(Spaight)的发言记录表明他们对司法审查的质疑。比如斯佩特,他在会议期间明确表示反对司法审查原则[25];然而,后来,在听取费城会议和北卡罗来纳宪法批准会议上对这一理论的阐发后,他不再表达反对意见。贝德福德的相关意见主要集中在他声明"反对任何对立法机构的审查";但这番话并不是针对司法审查,而是冲着设立审查委员会(Council of Revision)的建议而来。[26]梅瑟反对宪法通过,没有在宪法上签字;其中很可能的一个原因就是他认为这部宪法确认了司法审查制。[27]总的来说,作出以下论断应属公允:在制宪会议上,没有任何别的宪法问题像司法审查这样,得到过全会的充分讨论而成为经过检验的结论。

然而,有一点必须承认,那就是:如果我们说制宪会议最后没有把司法审查写进宪法的某个具体条款,而是默认其存在于宪法的一般性原理中,那么随即就会遇到一个相当棘手的难题。我指的这个"难题",根源在宪法第六条第二款。该段文字首先宣布,宪法和国会根据宪法制定的法案,以及根据合众国缔结的条约,都是合众国的法律,因而具有至上性(*supremacy*)。接下来,这一条款为每个州的法官设立了实施上述最高法律(*supreme law*)的特别义务——假若州的宪法和法律中有与之相抵触的内容。这样,问题就来了:如果制宪会议相当确信一般性原理足以支持对国会立法的合宪性审查,为什么它又认为还有必要规定各州(*State*)的法官优先适用合众国的最高(*supreme*)法律而不是下位法?我们知道,任何司法审查原理都部分地建立在某类法高于另一类法的理念之上;由此,再重复一下刚才所提的问题,在制宪会议的判断中,全国性法律高于州法并不足以保证前者对后者的拘束力,那么,与此相类似的,宪法相对于国会立法的优先性为什么就不会同样也得不到保证呢?但是,毕竟,对这一问题给出的答案是这样的:宪法第六条的授权针对的是各州(*State*)的法官,也就是说,他们享有独立的司法管辖权。他们的职责在于确保合众国法律的实施,因此,这一点必须要以明确无误的条文加以宣布。事实上,一旦我们抓住了这一要害,则不难看出,正是这一对法官职责的授权、而非我在前文中所说的那个"难题"提供了强有力的证明。因为这一授权的重要特征如今演变为,该条款指向的是各州的法官,他们由此被视为是州法律和州宪法的最后(final)的守护者。

然而,我们通常所说的意在授权给最高法院审查国会立法之合法性的条款,究竟是哪些条款?宪法第六条第二款的"依据"(pursuance)字段应算其中之一。但是,很明显,这一段规定也许更多地是在明确国会权力有限这一问题,而不是在规定哪个机构有权最终(finally)确认国会立法的合宪性。并且,"依据"字段也没有被放在宪法第三条,而该条正是关于法院的司法权的规定。

然而,在宪法第三条中,有一处规定与司法审查的关联更为紧密,即,"司法权的适用范围应该包括因本宪法所产生的一切案件"。毫无疑问,涉及国会立法之合宪性的案件当然也在"因本宪法所产生的案件"的范围内。不过,即使如此,我们必须意识到,这一段条文之所以被放在宪法中的这一位置,其目的并不是为了指明前述案件属于司法管辖的范围(这一问题实在太显而易见),而是意在确认宪法的法律性(*admitting the legal character of the Constitution*)。由此,这就解释了刚才我们提到的为什么"依据"字段没有出现在第三条中。但是,这一条文规定的重大意义在于它明确了合众国的司法权及于国会制定的每一(*every*)法案,无论其是不是依据宪法产生的。引用首席大法官坦尼在"阿伯曼诉布思案"的判决意见,司法权"及于国会的每一项立法,无论该立法是基于其代表权还是已经超出了宪法的授权范围"。[28] 因此,如果说宪法条文中插入的"因本宪法所产生的"这一限定语,是将司法权的适用范围扩展到了国会立法的合宪性案件,那么,应当说,这仅仅是该条款所产生的一个伴生性结论。

由此，我们必须要把这一条款放在那些即使肯定了宪法的法律特征、但如果没有它则联邦法院不可能管辖的案件中去理解，方能求得该条款的真实涵义。借助汉密尔顿在《联邦党人文集》中给出的指引，我们不难发现这样的案件。在《联邦党人文集》第80篇中，汉密尔顿解释道，联邦的司法权应当延伸到由于州议会的立法僭越了宪法关于州（State）立法权的限制而产生的案件。因此，如果没有这一条款，这些案件恐怕会由州（State）法院终审审结。汉密尔顿的这一解释，后来被麦迪逊在弗吉尼亚宪法批准大会上对宪法第三条的解释[29]，以及戴维在北卡罗来纳宪法批准大会上的发言[30]所肯定。但是，最令人震惊的证明，还是当制宪会议的讨论处于胶着状态时，支持司法审查的发言人没有引用这一条款来明其立场。

但是，关于最高法院对国会立法的审查权来源于我们所讨论的前述宪法条款这一观点，依旧不乏反对意见。因为,如果制宪者们都赞同司法审查,并且认为有必要特别加以申明的话,那为什么他们不选择最适合达成这一目的的方式——像规定总统的否决权那样,以明白无误的语言将其表达出来?当然,一种可能的假设是,他们在这一问题上有意想掩盖其意图。但历史事实是,他们公开宣布了这一观点;并且,当在宪法批准受阻时,司法审查被普遍认为是新制度的特征。[31]不仅如此,制宪者们在这一问题上的含糊其辞,实际上应被视为相当不智的做法,因为前述我们所讨论的两个条款没有哪一条能确保最高法院违宪审查的最终效力,而这一点对于司法审查权来说恰恰是至关重要的。我们甚至还可一路追问下去,如果这些条款对于授权联邦法院审查国会立法是必需的;那么,相应地,在各州宪法中,州法院对于州立法的优越性又该作何规定?

三

由此,我们被"逐入"了这样一个结论:制宪者将司法审查寓于宪法的一般性原理中,因为他们认为这样一来,就没有必要再起草某个专门条款了。同样的方式,我们可以看到总统解职权也存在于宪法的一般性原理中,因而没有什么专门条款对此加以申明。[32]那么,接下来的问题是,这些一般性原理又有哪些?到目前为止,要准确界定出这些原理恐怕并非易事。因为,当我们努力搜寻的能从法律的角度(as a matter of law)来论证司法审查的那些观点非常稀缺的时候,我们只能转到大量的从事实的角度(as a matter of fact)支持司法审查形成的证据,或者是那些反对将合宪性审查付诸实践的观点,去筛选出我们要的东西。麦克劳林(Mclaughlin)教授最近在此领域的研究成果颇值得关注,我将从他的论证入手展开这一论证。

在其论文一开篇,麦克劳林教授即引用了马歇尔大法官在"马伯里诉麦迪逊案"的判决意见,并以此作为其阐述司法审查原则的基础:"理论上,所有法院都有权宣布某法律无效——这不是法院超出常规的职能。因为法院的职能无非就是宣布法律是什么,或者反过来说,是否认或者拒绝适用不是法律的规则。"不过,接下去,他即转入驳斥法院在宪法问题上的发言权较之其他部门更具权威性的观点。他是这样写的:"法院的权威部分来自于……这样一种信念,即,法院可以不受政府同级部门(co-ordinate branch)的控制,只在自身权限范围内独立解释宪法。"由此,可合乎逻辑地推出:"如果我们现时的宪政体制中包含了政治部门必须服从法院在合宪性问题上的裁判意见这一原则,那么,此原则只能是宪法发展的产物,是各政治权力分支间基于权衡考量而达成默许的结果。"然而,与此同时,这就承认了政治部门必须接受"法院在特定案件所做的终局裁决"。归根结底,最后要实现的是"任何人皆不受违反宪法的法律的约束"。[33]

换言之,麦克劳林教授指出,法院享有的解释宪法的权力首先是一种司法（*judicial*）权，因此，当然要由法院来行使；其次，它是某一部门或者某一职务具有的功能，由所有政府部门平等地享有，这当然包括法院在内；再次，作为一种个人化的特权，它可由个人来行使，包括法官在内。不过，以上三种理论中藏着一个不和谐的因素，不应逃过我们的注意。因为，如果把法院依其职权宣布宪法是什么的权力理论上的正当理由都归结于法院作为一个独立政府部门的地位——关于这一点还值得商榷——为什么还有必要坚持宪法的法律特征以及法院解释法律的职权？同样地，如果法院作为与其他政府部门并列的、平等的一个分支的地位，或者法官所承担的政府功能已经足以构成司法审查不可或缺的基础，为什么还有必要重申"任何人都不受违宪的法律的约束"？

不过，更有分量的批评认为，后两种理论要么得不到主流认可、要么完全不足以解释司法审查得以确立的正当理由。首先,我们需考查"任何人不受违宪的法律的约束"这一说法。这句话意味着下述两种可能性之一:要么任何人不受由权威机构认定的违反宪法的法律的约束,但就此引出了一个关键性问题,即究竟哪个机构有此权威;要么任何人不受他本人认为的违反宪法的法律的约束——这样的说法毫无意义。这种说法不会导致如下两难境地,即:认为有了司法审查就建立了一套完备的宪法体系,司法审查机制可以帮助解决所有由宪法引出的问题。但是,革命权就是外在于宪法的权利,因此,如果要将行使革命权视为解决宪法问题的某种工具,那就等于要彻底摧毁宪法。[34]

同样地,那种认为宪法解释权是一种按照各自理解来解释宪法的"部门功能说",也是如此。按照这一理论,如果所有政府职能部门在履行其法定职务之前,都必须先解释宪法的话,那么,是不是说,公民个人在采取任何会导致法律后果的行动之前,也必须解释法律?这就是为什么说此观点在理论上完全没错,但在遇到具体个案时,明显不足以解释违宪审查权的终局权威的原因。[35]另一方面,按照这一理论,如果三个部门在各自权限范围内都有平等的权力最终决定其行为的有效性,那么,司法审查就不能成立了。当然,有一点显而易见:立法部门必需得到充分尊重,否则司法审查就无存在的必要了。没错,立法机构如果违宪不会被逮捕,它需要承担的唯一的法律责任,就是其制定的法律被宣布失效。同样地,如果是某一公民签订了违反反欺诈法的合同,或者立下违反反永续规则的遗嘱,那么他的行为就会被撤销。但是,被宣告无效的法律通常没有什么危害性,因此,补救措施一般来说已足够充分。

然而,仍然有一部分人坚持认为,司法部门之所有能享有高于立法机构的优势地位,仅仅是因为宪法在安排法律制定与法律实施两环节时,碰巧使司法部门获得了"在后话语权"(the later say)。换句话说,司法优位不是基于"权利"(right),而只是因为司法机关的"位序"(position)而产生的。[36]由此,对于部门理论(departmental theory)的最好检验,就是看行政部门是否也享有同样的审查权,因为相对于立法机构,行政部门也占据了同样"更后"的有利"位置"。我们不难记起,杰克逊总统在他那篇否决国会展延合众国第二银行特许状的咨文(1832年)中,将部门理论的使用发挥到了极致。他的主张遭到韦伯斯特的激烈批评。韦氏称:"(杰克逊)总统和其他任何普通公民一样,都要受法律制约……如果他有权拒绝守法,那么其他公民也一样。这种做法实属冒险之举,谁都无法证明这一举动的合法性问题。总统或许可以说某部法律违宪(所以拒绝执行),但他并不是法官……否则就毫无法治可言了,我们所有人都只能生活在个人的统治、裁断和反复无常之下。如果否决咨文的原则和逻辑能成立,那么总统完全可以根据其权位的喜好,自行选择执行或者不执行法律。他可以拒绝执行某部法律,哪怕其他所有政府部门都认为该法有效;反过来说,他也可以执行其他权威部门认为无效的法律。"简言之,韦伯斯特总结道,这篇否决咨文把"对权力的宪法性限制变成了仅仅是某种观点之争",否认了"首要原则"(first principles),严重背离"我们都已接受的毫无异议的事实",因为它否认了"法院解释法律的权力"。[37]随后,韦伯斯特紧接着又追加了一个由此引发的问题:"废止法律的做法难道不是一场革命吗?"[38]

事实是,尽管政府部门独立且平等的原则有利于每个部门享有、行使属于它们各自的权力,但这一原则在各权力分支的权限范围究竟是什么这一问题上没有给出任何解释,因此实际上它无法被用来证明司法审查的合法性。并且,我们进一步发现,麦克劳林教授在关键时刻抛弃了这一原则。正如我们所见,他承认政府部门有义务"将法院对特定案件的判决意见作为终局结论"。然而,他也主张政府部门之间达成的这种互认并不是出于宪法理论的要求,它们应当被视为政府部门各方出于利害关系考量所作出的"妥协"(accommodation)。对于这样的观点,我不敢苟同。在我看来,情况恰恰相反,只要我们承认司法审查原则是宪法的一部分,那么,其他部门对于法院合宪性审查的接受就必然是宪法的内在要求。这个问题或许可以换一种表达方式:立法机构在通过一部旨在调整将来情形的法律时,是否应受制于法院基于过去案件而作出的宪法解释?在我看来,对这一问题的回答当然是确定无疑的。因为"通过法律"一语,本身意味着立法机构有权批准某议案或使其生效为法律的意思。而如果这一议案或法令与法院既已作出的宪法解释背道而驰,立法机构当然不能这么做——除非它具有高于法院宪法解释权之上的权力,那就意味着司法审查的终结。按照司法审查理论,具有上述特征的议案即使通得过立法程序,它也不是法律,且永远不可能成为法律。事实上,这个结论本身就来自麦克劳林教授自己的前提,即,他并不认为法院在处理宪法问题方面"发挥了"与普通法律问题"不同的、独特的作用"。在这两类案件中,法院都是在解释法律。那些受制于普通法律的,也必然受制于该法律的司法解释;同理,受制于宪法的,也应受制于宪法解释。后一类案件的独特之处仅仅在于,在宪法中,我们拥有的法律就是限制政府本身。[39]

由此,我认为,司法审查依赖且也只能建立在如下原则之上:1. 宪法制约所有政府部门;2. 法律是被法院所确认并加以适用的规则;3. 解释普通法律的职能专属法院,因此,法院的宪法解释也是作为普通法律的一部分,具有独立的效力,而其他部门的解释仅仅是一种观点的表达。第一个原则对于制宪者来说不言自明,因此无需在此问题上浪费任何笔墨。制宪者们接受的第二个原则被写入了宪法,尽管我们需要花点时间才能在宪法中读出这层含义。而制宪者们所接受的第三个原则具有最为重大的意义,因为这一理念不仅标志着与英国法律传统的决裂,同时也是对1787年前的本国法律体制的大幅改造。

四

在今天,司法审查制度一直被视为成文宪法学说的自然产物;但若究其历史渊源,二者实际都源自同一基本原理,即政府有限论或控制政府论。在英美宪政史上,控制政府的思想可以上溯至很多封建概念,并在《大宪章》中找到最负盛名的表述。[40]这一观念与那个时代中曾被视为神圣、长久、永恒不移但事实上最终还是逐渐改变的社会体制非常契合。然而,宗教改革时代是一个翻转的世代、一个古代建置遭到挑战的时期、一个革命的纪元。宗教改革在政治理论领域结出的果实之一即是主权(sovereignty)概念。主权概念可一路溯源至罗马法,并在当时极大地满足了新政体变革的迫切需要。

但是,主权究竟依凭何处?托马斯·史密斯爵士在《英格兰共和国》[41]一书中总结了都铎时代的各种流行观点,将主权归于君临国会(the Crown in Parliament)。实际上,若不是詹姆士·斯图亚特竭力鼓吹"神圣权利"(Divine Right),宣扬不受普通法制约的王权至上观念,英国政治理论大有可能从那时起直到今天,还保持当年的模样。当然,实际的情况是此举引发了爱德华·柯克爵士等人的激烈反应。柯克借本杰明·拉迪亚德爵士(Sir Benjamin Rudyard)那段华丽的文字来表达个人立场,"它迫使老迈残年、早已卧床不起的《大宪章》也不得不起身出来走动了"。[42]柯克主张,即使英国议会也不能拥有主权,因为"《大宪章》即是这样一位没有主权的长者"。他在为伯纳姆医生案[43]所写的著名的附论中宣布,凡与"普通法上的权利和理性相悖的"议会立法皆为"无效",这和其一贯宣扬的学说高度一致。

不过,话又说回来,如果由这段文字得出该案创立了司法审查之类的结论,无疑也是相当荒唐的。这些文字确定无误地表明了柯克勋爵的信念,即,"普通法上的权利和理性"原理乃是普通法的组成部分;法官在解释议会立法时,应当适用这一原理。当然,需要补充的是,这些文字也需要和柯克强调的议会作为英国"最高法院"这一特征放在一起来理解。正如在指导《权利请愿书》起草时表达的立场,柯克主张议会是法律的最终解释者,国王和法官也需受其约束。

不过,这一学说在被用于司法实践时,常会遭到抛弃,直至最终销声匿迹。柯克的当代继承人霍巴特早年间发表过对伯纳姆医生案附论的解读。霍氏称,如果柯克的判决意见被沿袭,说不定真能产生出诸如司法审查之类的机制。[44]霍巴特的学说经由培根《案例选编》在美国生根开花。1761年,奥提斯在"协助搜查令案"(Writs of Assistance Case)中,成功地将该学说用作有力武器。[45]然而,在一个多世纪以前,英国法官在"斯特里特案"(Streater's Case)[46]中决定性地否决了柯克的附属意见。此后,霍尔特勋爵一度倾向于将柯克的学说付诸实践,但在审理18世纪早期的一起案件时,涉及一项自相矛盾因而实际无法实施的国会立法,他最终还是放弃了这一立场。[47]就在美国人最早开始制定宪法的那个年代,霍尔特的学说与"议会主权"概念一起,经由布莱克斯通影响巨大的引介得以传播。[48]它的直接后果,连同其他的影响结合在一起,就是使司法审查遭到挫败;然而,最终还是迎来了后者的确立。毫无疑问,在1787年制宪会议之前,开启司法审查制的最有影响力的案件,是1786年的"特雷韦特诉威登案"[49]。在该案中,罗德岛法官宣布因为《纸币法》规定得"自相矛盾"而拒绝适用该法。

然而,早期州宪法之所以将司法审查排除在外,布莱克斯通的影响力还得让位于以下两方面考虑:首先,早期州宪法是不是法,尚不得而知;其次,这些宪法所规定的立法机构的地位如何？当然,柯克勋爵一直倡导的"权利和理性的基本原则"都是普通法的组成部分,因而也都是法,这一点是毫无疑义的。在司法实践中,它们都为法官所接受并始终加以适用;最起码,法官在适用制定法时,会将此作为解释制定法的基本原则来使用。不过,早期美国各州宪法还有一个独特的身份,那就是,他们是革命的法,是社会契约,更多的是洛克思想而非柯克学说结出的果实。毋庸置疑,它们所阐释并勉力实现的正是这样一个理念:所有公正的政府都必须建立在被治者同意的基础上。值得注意的,由这一理念必然导出的一个结论是,在此基础上建立的政府即享有治权(right to govern),人民只能通过另一部革命的法方能将此治权收回。然而,我们要知道,制定法律的权力本身是政府的职能之一。如此,问题就来了,我们怎样才能认定,宪法、权利法案、政制框架甚至民众自己订立的协议就是这一严格意义上的法律？它们享有的道德至上性当然不容怀疑,甚至政府违反它们也不足以摧毁其正当性。但是,直到人民被认为享有制定法律的权力,并且无需通过立法代表即可直接行使之前,宪法的至上性仍然是证明其合法性的真正障碍。[50]

而第二个问题就更令人生畏了。大部分早期州宪法都以适当的行文作出了体现孟德斯鸠三权分立学说的规定。尤其是针对行政权力的制约——因为该权力被认为最易导致专制倾向——分权原则在此得到了最充分体现。[51]然而,针对立法权的制约则并非如此。[52]首先,在整个殖民时期,立法机构始终代表本地利益,反对宗主国的利益,而后者往往被总督和法官所代表。其次,立法部门通常被认为最贴近人民。最后,立法权是未被明确界定的权力。由此,三权分立学说中关于制约立法部门的部分,最初只是说那些在国会中占据一席之地的议员们不得同时担任其他任何部门的职务。[53]至于立法机构本身,比如英国议会或者前殖民地议会,则享有各种权力,尤其是解释法律以及介入由普通法院管辖的司法程序的权力。[54]对于所立之法唯一行之有效的限制,即是要求它们按照通常程序获得通过。[55]简而言之,就像麦迪逊和杰斐逊后来所解释的那样,立法权是其他所有权力得以产生的中心(vortex)。很明显,只要这样的情形一直延续下去,就不会出现什么司法审查。

然而,1780至1787年这八年正可谓"宪法活动"(constitutional reaction)期。"宪法热"持续升温,一直延烧到1786年下半年马萨诸塞州谢斯反叛爆发;然后,经由费城制宪会议实现了飞跃,并达到高潮。宪法引发的热烈反响主要包含两个阶段:其一是以国家主义反对州权主义;其二,以私人权利反对不受控制的立法权力;这两场斗争最后都将火力对准了"州"(当时的"邦")立法机构。[56]然而,我们不可想象,那些明察"美国政治制度"致命缺陷的贤哲们会止于唉声叹气,怨天尤人。天佑吾国,那个时代的人们不会认为迫于战时压力和紧张状态打造的宪法就不存在改进的可能。[57]同样幸运的是,美国政治的创造力也没有在创建宪制的初次努力中就消耗殆尽。"江山代有才人出",时代提出的问题对于他们不啻是一剂兴奋剂。对这些问题反复加以考量,激发出各种建议,直至将它们熔铸进一个协调统一的总体制度的时机最终成熟。在这些建议当中,与本文议题有关的有:(1)来自马萨诸塞、新罕布什尔的呼声,要求制宪程序规范化、有序化,其实际效果不可避免地强化了人民立法权以及宪法的法律特征等观念。[58](2)来自新泽西、康涅狄格、弗吉尼亚、新罕布什尔和罗德岛的建议,承认司法审查;部分理由建立在革命权的基础之上,部分来自于已经融入各州宪法的普通法的基本原理。[59](3)来自北卡罗来纳,后在费城制宪会议上得以集中体现的观点,即,司法审查学说直接建立在成文宪法及分权原理之上。[60]（4）综合各种观点形成的共识：立法权不再是一种笼统的统治权,而是一种专门化权力。[61]（5）综合各种观点形成的共识:司法权习惯上依据普通法原理的精神行使,是个人权利的天然的保护者。[62]（6）综合各种观点形成的共识:司法部门应当扮演这样的角色:捍卫其职权,以对抗立法机构可能卷走所有权力的势头;这样的定位与司法审查既是手段又是目的的观点不谋而合。[63]（7）来自邦联议会的观点:《邦联条款》以及由此产生的协定当然地被视为各州法律的一部分,并且,与各州的立法机构制定的相应的法律等效,由州法院加以适用。[64]或许,在那个时代,没有哪个公众人物能同时持有上述全部观点。然而,在费城制宪大会上,聚在一起的精英们正好可以集中来自各地的观点和意见。通过反复辩论、协商,与会代表们——其中大部分人都接受过法律思维的训练——逐渐开始意识到前述观点的内在统一性,或者换句话说,他们发现如果接受其中某一观点,则多多少少也会赞同其他观点;也就是说,每一观点都指向了包含所有观点的那个整体。

在费城制宪会议一开始就被提交讨论的《弗吉尼亚决议》提供了一套联邦政府三大部门的设置框架。然而,从另一个角度看,该方案显示出起草者对于权力分立学说认识得还不够透彻。因为方案规定,由行政和司法机构的成员组成的联合委员会有权修订国会制定的立法措施,同时方案还把督促州议会服从联邦权力的任务留给了联邦立法机构。在费城制宪会议上混战的各种观点中,廓清司法审查原则重要的第一步,是成功地否决了设立审查委员会的建议,而这一反对意见所依据的原理被马萨诸塞的斯特朗(Strong)阐释得最为清晰。他说,"制定法律的权力必须要和解释法律的权力区分开来,"并且,"不可能有比这更明智的箴言了!"他的发言得到其他代表的响应。[65]因为,不管采取何种方式来表达,立法权这一概念从权力本身的设定来讲,就是有明确界限的;它与法律解释的权力相区别并且为后者所排斥。这一理念不断得到重申,从未遭到过质疑。因此,当制宪会议通过宪法第三条规定,"将司法权授予最高法院和联邦议会因时而设的下级法院";这段文字应该被理解为它同时表达了将国会排除在法律解释权限之外的意图。

当国会有权否决州法律的议案遭到否决,这意味着达成最终结果的次要步骤也生效了;该议案最后被小州提出的美国宪法在每一州内亦是最高法律而应由州法院加以适用的建议所取代。[66]也就是说,在对抗各州立法方面,美国宪法应无可置疑地具有法律上的至上性。那么,顺理成章地,在对抗国会立法方面,又何尝不该如此?当制宪会议作出决议将宪法提交各州大会批准时,这一问题很可能已经获得了大部分会议代表的确认。麦迪逊说:"任何法律,只要违反人民自己制定的宪法,都应被法官宣布为无效。"[67]其后,制宪会议在宪法中进一步明确了禁止国会权力涉足州立法机构已经规定的事项。[68]由此,我们不可避免地得出如下结论:当宪法第六条第二款作出规定,在国会为实现宪法而规定的相关事项上,宪法是联邦最高法律;制宪者订立这一条款当然不是没有用意和目的的。并且,正如前文已经提及,这一条款也承认各州宪法为州法院所宣示并加以适用。

然而,是不是说这样的规定就是基于如下的前提,即制宪会议事实上已经确认了对于国会立法的司法审查?这一问题的答案可以部分地从以下史实中找到,即几乎所有制宪会议代表都一致将司法审查的功能和法官作为"法律解释者"的身份联系在一起。但是,更合理也更令人满意的回答,或许可以从汉密尔顿在《联邦党人文集》第78篇的观点中找到,"解释法律乃是法院的正当和专有的职责。而宪法事实上是,且也应被法官看作是根本大法。所有对宪法以及立法机关制定的任何法律的解释权应属于法院。如果两者间出现了不可调和的分歧,当以效力及作用较大之法为准。宪法与法律相较,以宪法为准。"汉密尔顿在这里所说的,跟在其他问题上一样,正是致力于再次重申制宪会议已经确定下来的成熟的结论,这一点是不容怀疑的。[69]同时,有一点也很清楚:他说这番话,是要告诉那些将要参加宪法批准大会的人,宪法起草者和支持者们赞同司法审查的理由建立在什么基础之上。

五

然而,如果我们放宽对制宪者们关于司法审查之基础的观点的考察时段,将其拉长至从宪法批准到"马伯里诉麦迪逊案"这一时期,无疑会有更多发现。因为这一时期不光是新制度按照制宪者们的构想得以建立的时期;更重要的是,这些新生的制度,其中大部分正处于他们的亲自掌控和监督下。这个时期之耐人寻味,部分在于这样一个真实的悖论:一方面,司法审查从一开始就存在于我们的制度当中;而另一方面,我们又要尽力维持一个始终建立在民意之上、同时又处于在形式上不可改变的宪法之下的政府。由此产生的矛盾最初并没有造成太大压力,但随着政治上反对意见的兴起,这个问题变得日益严重。直至反对意见最终取得胜利,不光司法审查,甚至司法独立,也暂时性地受到威胁。

然而,事实上,即使在宪法批准的那个时期,这个问题已经不算是新问题了,有一些反对司法审查的意见在各州内早就呼之欲出。因为,通常来讲,较之在宪法生效后,各州的法官独立性往往会更少;[70]并且,司法权通常是蛰伏于立法机构之外或者是整个政府框架内的最后一支权力。不仅如此,正如我此前已经指出,在当时的各州,司法审查基本上建立于一种很不确定的逻辑,即被视为一种特殊的、非常规的、近乎革命性的补救措施;或者被置于一个成文宪法与普通法的某些基本原理——诸如陪审团制度或既有权保障等——相重合的特殊地带。

因此,当我们看到,汉密尔顿从在其著作中毫不含糊地赞同在宪法中写入司法审查并且倡导予以全面推行,到转而提出某些反对意见,也大可不必感到惊奇。他的意见引述如下:"拟议中的合众国最高法院,作为一个超然的独立机构,将踞于国会之上。最高法院按照宪法精神诠释法律之权,使其得以随心所欲地塑造法律面貌;尤其是其判决将不受立法机关的检查审订。此乃既无先例亦甚危险的做法……英国国会与美国各州的立法机关可以随时以法律形式修订其各自法庭的具体判决。而合众国最高法院的错误判决与越权行为则无从节制,无法补救。"汉密尔顿指出,即使是在分权原则之下,州立法机构也无权推翻司法判决,但可实行对法官的弹劾权;通过此番对比,汉密尔顿试图证明司法审查之不成立。[71]

另一方面,麦迪逊以他特有的坚定与雄辩回应了这些危言耸听的反对意见。如我们所见,在费城会议上,麦迪逊明确无误地表示拥护司法审查原则。同时,在《联邦党人文集》中,麦迪逊将最高法院定义为在关于联邦和各州管辖权限界分的争议问题上"作出最后裁决的"法庭。[72]在弗吉尼亚大会上,他继续发表了同样的观点:全国政府通过其建立的最高法院成为其自身权限的终审法官。[73]然而,在随后不到半年的时间内,麦迪逊在与肯塔基某人士的通信中表示,无论联邦宪法还是各州宪法,在"其解释出现分歧"这一问题上都没有作出过任何规定;并且,信中还写道,法院力图通过给法律打上"终极标记"的手段——不管是适用还是拒绝适用法律——来赢得"事实上与立法机构平等的地位,这样的做法有欠考虑、而且也不合时宜"。[74]

当然,麦迪逊也不愿完全放弃司法审查。他真正想确立的是这样一个原则,即,关于宪法解释,最高法院的解释在某些情况下具有终局性,而在另外一些情况下,国会解释同样具有最终效力。很快,麦迪逊就迎来了阐述这一原则的机会。在提交第一届国会的方案中,他提出了重建"外交部"的构想。这一方案包含了这样一个条款,即国务卿"得由美国总统解职"。这一规定随即引来了南卡罗来纳的史密斯的反对:"众议院有什么权力解释法律……要知道,立法机构的职责是制定法律,解释法律是法官们的事。"麦迪逊立即展开辩护。他承认,这一规定确实反映出国会想要在相关问题上行使宪法最终解释权的意图,但他又坚持认为在涉及政府机构之间的权力分配问题上,如果宪法保持沉默,则国会完全有权对此作出解释并加以规定。换言之,宪法规定未周延之处,为国会行使权力创造了机会。但是,发表联合辩护意见的马萨诸塞代表格里提出:"先生们,容我问一个问题,如果宪法已经赋予我们制定解释性法案的权力(the power to make declaratory acts),还有什么必要再插入旨在提出修正案的第五条?'修正案'一词本身就意味着法律的缺陷,一部解释性法律也包含了这一点。如此,一个修正案和一项解释性立法之间还有什么区别?"康涅狄格代表谢尔曼、弗吉尼亚代表佩吉(Page)和怀特(White),以及纽约代表本森(Benson)也相继发表意见,反对国会"解释宪法的意图"。这一系列反应迫使麦迪逊最终不得不加入支持删除例外条款的动议;取而代之的是,该动议认为,从宪法规定的字面意思,仅仅能推导出总统可行使罢免权和在特定事项上的规则制定权。[75]不久后,众议院通过了《司法法》,对该法案第二十五条未发表任何异议,这实际上是以一种最明确无误的方式承认了由成文宪法所确认的司法特权。[76]

从那时开始,几乎近十年的时间,违宪审查的合法性没有遇到过任何实质性挑战。在违宪审查第一案"海本案",中部巡回法院法官宣布1792年《退休金法》违宪而拒绝适用该法,一些"院内外名流"扬言要弹劾法官,但这些声音迅疾又沉寂下去。法官们拒绝适用这一法案的意见被提交给了总统,总统迅速把这一意见转交给国会,国会随即开始着手修法,以使其更符合法院提出的合宪性标准。[77]四年以后发生的美国诉希尔顿案(United States v. Hylton)[78]为已经相当巩固的司法审查原则提供了多方面的参考价值。对法官来说,本案唯一的争议点就是国会立法的合宪性问题。在庭审中,亚历山大·汉密尔顿代表政府一方的总检察长发言,他的报酬是由国会设定专项资金发放的。双方当事人都没有质疑法院的司法权这一前提。[79]法院最终判决支持法案,这纯粹是基于案件本身的性质。麦迪逊直言他对法院没有否决这一法案相当失望。[80]

同一时期,司法审查在各州内也得到推进。那些最具里程碑意义的进步,从最初仅仅作为基本原理之基础,后来逐渐被写入成文宪法中。"鲍曼诉米德尔顿案"[81]和"坎珀诉霍金斯案"[82]两者可以显示这一变化。"鲍曼诉米德尔顿案"审结于1789年,南卡罗来纳最高法院宣布一项殖民地时期法案从一开始起便与"共同权利"及《大宪章》相冲突,因而无效。四年后,在"坎珀诉霍金斯案"中,弗吉尼亚上诉法院宣布州议会制定的一部法律有悖于弗吉尼亚宪法的规定和精神,因此归于无效。判决意见认为,宪法是人民自己订立的条约,高于一般法律;尽管后者也是确立个人权利的规则来源之一,但若与宪法相违背,即告无效。[83]

阻碍各州司法审查制度发展的其中一个因素,来自布莱克斯通的持续影响力以及他的议会主权论;[84]不过,更强大的理由还是对"立法权可扩展至对法律的解释"这一原理的固守。由此,我们发现,最高法院蔡斯大法官宣布,直到1798年,只有马萨诸塞州宪法作出过政府权力分立的安排。两年后,又是这位法官发表了如下观点:州宪法仅仅作出关于权力分立的原则性规定,并不足以严格限制立法权力,因为这样的原则性规定"并不被认为是具有约束力和控制力的规则,它们只是宣示性的和指导性的。"[85]但在"奥格登诉威瑟斯彭案"(Ogden v. Witherspoon)[86]中,因为当事人公民身份的多重性,这一本来发生在北卡罗来纳的案件,最后归属联邦法院管辖。这样一来,在涉及对州宪法的司法审查问题上,联邦法院就获得了与州法院同样的权力,可见正是马歇尔大法官改变了巡回法院的地位。而在后来的"奥格登诉布莱克利奇案"(Ogden v. Blackledge)[87]中,最高法院本身也加入到这一路线中来了。该案的争议点是:北卡罗来纳州在1715年通过的《诉讼时效法》是否已在1789年被撤销?但州议会于1799年宣布该法案并未被撤销。原告律师称:"宣布现行法律是什么以及法律以前是什么,是司法的权力;宣布法律今后是什么,是立法的权力。所有政府的一个基本原则就是立法权应当与司法权相分离。"法庭终止了律师的发言,得出结论:"按照前述所言,那么,争议的法律在1789年就已经被撤销了。"由此,我们可以看到,联邦法院代为行使的对州宪法的审查活动,其影响力并不能被高估。直到1820年,随着分权原则的合法性不断得到巩固,建立在成文宪法基础上的司法审查机制在各州逐渐得以确立;唯一的例外罗德岛,也只能成为证明这一原理的"反证"。罗德岛的情况是:该州直到1842年,依然还在沿用殖民地宪章作为其宪法;正因为这样的建制,立法权始终处于没有得到明确限定的状态。[88]

六

有一点再次变得非常明确,那就是:存在于对所有政府分支中的司法审查都建立在一个共同的基础上;也就是说,如果某一司法管辖权可以进行司法审查,那么,其他所有司法管辖权都可以进行审查。当我们转而考察审查杰斐逊和他激进的追随者们在1798至1802年间向最高法院审议国会立法时行使的宪法最终解释权发起挑战时,这一点反映得尤为典型。这部分是因为我们必须考虑到杰斐逊派在这场对峙中的全盘失败,这甚至是在他们大选获胜、政治上取得了压倒性优势的情况下发生的。

1789年《司法法》的审议和投票过程,显示出拥护州权主义者最初是很乐意接受最高法院违宪审查的终局效力的——不管是针对联邦还是州一级的权力。然而,当联邦法院的法官们开始毫无顾忌地支持和适用1798年《客籍法》和《惩治煽动叛乱法》,并且部分人随即依照美国普通法判决煽动罪名成立时,州权主义者第一次真正接纳了以司法判决方式展开的对联邦权力的制约。1798年《弗吉尼亚决议》和1799年《肯塔基决议》的出台,其初衷本来是想突破这一微妙的限制。两方案设计的依据有二:一,宪法是各主权州之间达成的契约;二,在每个州内部,州的主权机关是州议会。由此前提可以导出如下结论,即对联邦宪法享有最终解释权的也只能是各州议会。[89]但是,这样的宣传攻势的最终成效不仅仅进一步证明了联邦最高法院的特权,而且强化了整个法院系统的优势地位。随着上述两个方案被提交给其他州议会,由此引出了北方七个州明确宣布"联邦最高法院"享有审查国会"任何立法之合宪性"的最终权限。[90]麦迪逊在1799年提交给弗吉尼亚议会的报告中,起初尽力想回应这些声音。他再度重申了原始方案的基本原则,但这样做的最终结果是,他不得不承认,司法机构所做的宪法解释享有可对抗联邦政府其他所有部门的终局权威。直至最后,他彻底放弃了最初的立场。[91]麦迪逊以一种自我辩护的口气总结道,这个方案的出台恰逢其时,因为它们本来就是用来"抛砖引玉"的;然而,他又进一步补充,司法判决"应当立即生效"。你很难想象比这更彻底的退却。也许,他和他的同盟军已经意识到,如果坚持主张州议会是联邦宪法的最终解释者,就得承认州议会是州宪法的最终解释者,而这将意味着,要么,在州内将出现一个合法的不受控制的权力;要么,就得回到现在已迅速成为老调重弹的"宣示法律"(jus dicere)所具备的"立法功能"的观念。

不管怎么说,两年以后,违宪审查的效力问题再度回到了前台,尽管以一种多多少少被调整过的面目。1800年大选中,民主共和党人拿下了总统职位和国会两院多数席位,但是法院仍和他们成对抗之势。现在,已到了总统任期届满而即将离职的关键时刻,联邦党人依据1801年1月通过的法案,将联邦下级法院的数目增加了一倍。在参议院的配合下,亚当斯总统迅速行动,任命本党人士填充新增职位。伦道夫怒斥现在的联邦法院已经成了"过气政客们扎堆的疗养院"。杰斐逊的担忧进一步加深,他在给迪金森的信中写道:"他们已经退守到了法院了,打算靠这个大本营打垮共和主义的所有努力。"

显而易见,民主共和党人要做的第一步就是废除1801年法案。但是,如果从使司法服从于政府权力配置的大局着眼,投票废除1801年法案只能是一场得不偿失的皮洛士式胜利。[92]在针对这一问题的辩论中,联邦党人很快形成他们的观点。他们认为,按照宪法原意,司法机关享有制约国会的职权,而国会则负有不得以任何方式削弱司法独立的宪法义务。为应对这一观点,民主共和党领袖、肯塔基议员布雷肯里奇——也是《肯塔基决议》的起草人之一——首次提出三部门平权理论。也就是说,政府三部门在各自领域内行事,各自解释宪法,由此推导出国会专享的"基于立法权而解释宪法的"权力,而法官的义务则是"实施前者所制定的法律"。换言之,政府部门解释宪法的权利这一概念,不是源于要建立司法审查制的努力,而是源自想要抛弃这一机制的尝试。不过,这一理论试图给议会主权罩上的伪装太过虚弱,以至于对民主共和党人自己也没太多吸引力。大多数民主共和党人要么直言不讳地赞同对宪法的立法审查;要么则跟从弗吉尼亚的贾尔斯的路线,在此议题上保持沉默。另一方面,联邦党人则在此问题的大方向上保持了一致意见,只是对于司法审查得以确立的合法依据各有看法。有人认为这一机制源于宪法中"产生"和"依据"条款,有人则追随《退休金法》一案的先例,有人认为司法审查是宪法和司法职能的一个特性,也有人将其归因于"所有依宪法设立的职能部门""对宪法术语的现代运用"和"毫无争议的宪政实践"。毫无疑问,迄今为止,所有这些理由都成为证明司法审查合法性的首要依据。除此以外,正如联邦党的演说家们所说,司法审查是一个权衡考虑的产物,因为法院既不掌握钱袋又不掌握刀剑;它是那些杰出的政治头脑为具有破坏性的革命权提供的一个替代品,一项"旨在维护宪法安全而建立起来的原则"。它是"这个国家历史上的伟大创举","全体美国人的独特贡献和荣耀";任何与之相反的原则都是"荒诞而闻所未闻的"。[93]

数月后,"马伯里诉麦迪逊案"在这样的背景下进入审理阶段。相对于众多杂驳的观点,本案判决呈现出了真实鲜明的色彩。然而,马歇尔的表现绝不能被看作是越权之举。首先,案件的审理具有明确的司法判决的权威性,使得多年来一直持续的争议告一段落。此前的争论虽然总体上相当倾向于司法审查,但讨论的结果还是没有定论。其次,它再度重申了宪法作为国家"基本法"的特征,以及"司法部门的职权就是宣布法律是什么"的重要性。最终,恰恰是在为司法审查辩护的这一过程中,它一定程度地认可了那些反对司法审查者所争取的原则。因此,在论及总统的职权及下级官员服从总统指令时,首席大法官说:"根据美国宪法,总统掌管着某些重要的政治权力。在行使这些权力的过程中,他可以适用自由裁量权,同时仅以其政治人格对国家和自己的良心负责。"[94]当然,这一原理,也就是我们说的部门裁量权理论,其后被"国会权力得自由解释"原理[95]所补充;再后,又因"总统豁免权"原则[96]进一步丰富。最起码,前述三项原则中的前两项一直与司法审查理论兼容并存。同时,它们也并未受到司法审查理论的限制,而是在承认司法审查权的同时,对保证宪法的灵活性及弹性解释作出了让步。这些原则证明了先前麦克劳林教授所赞赏的政治部门的"妥协精神"也可以在司法系统所借助的类似做法上得到实现。

在本文一开篇,我就提出了"司法审查的法律基础是什么"这一问题。到目前为止,我已不止一次重申了问题的答案。司法审查的合法性基础是由"宪法是可由法院加以适用的法"这一原理所提供的——当然,此一原理得到了联邦宪法的非正式地承认;此外,司法审查的合法性也得到了分权理论的强力支持,分权理论明确地区分出了立法权和法律解释权,并将后者排他性地分配给了法院——这一观点可以通过制宪者们在起草宪法第三条时的明确立场得到证实。然而,在最近的一些分析中,司法审查不再通过分权理论来解释,而是被确立在如下的假定——"只有法官能真正认识到法律是什么"——之上。对于在普通法法治背景下出生和长大的一代人来说,这或许是一个显而易见的问题。然而,今天,国会在社会生活中的活动越来越频繁地给法律打上彰显其权威的印记,导致纯粹的法律解释机制基本不再有存在的空间。[97]同时,随着行政系统的膨胀,法院正日益失去其过去几乎是垄断性的、居于国家和个人之间的调节功能。由此,今天的人们发现,他们不再像过去那么频繁地向法院寻求权利救济了。基于上述两方面考虑,司法审查的理论探讨,似乎变得跟滋养它的那种经验与理论紧密结合的土壤越来越脱节,其说服力也大大削弱。然而,从乐观的方面看,这并不必然意味着此种情况会永远持续。正当程序原则(the doctrine of Due Process)已经极大地扩展了司法审查的范围,同时也使这一机制变得越来越灵活。如果我们对法官能具备的智慧保有足够信心,那么,为什么要轻易抛弃掉司法审查这一宪法的宙斯盾呢?它既可以维护法律的稳定性,又能成为最灵活的社会改革措施。谁又能怀疑历史不会重复它自己?今日之先锋,未尝不会沦为明天的遗老。

---

[1] 此一观点的代表作请参见 H. L. Boudin 文,载 26 Polit. Sc. Qtly. 238.

[2] J. H. Dougherty 在他最近的新作中追随 Brinton Coxe 的立场,表达了这样的观点。

[3] James Parker Hall 在他的 Constitutional Law 一书中表达了这样的见解;同时, Cotton 在 Decisions of John Marshall 中的"导言"部分也持这一观点。

[4] C. A. Beard, The Supreme Court and the Constitution. 此外,我看到宾夕法尼亚大学的哈里森学者 Frank E. Melvin 在

他精彩的论文中推进了比尔德(Beard)教授的研究,这篇论文应该很快会发表在《美国政治科学评论》上。

[5] A. C. McLaughlin, The Court, the Constitution, and Parties; C. G. Haines, The American Doctrine of Judicial Supremacy. 早在前述著作问世之前,两位作者长期以来一直在思考司法审查的理论和历史渊源问题,他们的结论性观点被总结在下述论文中。参见 9 Mich. Law Rev. 102-25, 284-316。

[6] 1 Cr. 137(1803).

[7] 关于这一点,参见 1 Cr. 91, 3 Cr. 171, 5 Cr. 221, 9 Wheat. 816, 10 Wheat. 20, 5 Pet. 190, 200。

[8] 关于1789年《司法法》,参见 1 Statutes at Large 85 ffg. (24 Sept. 1789, c. 20)。

[9] 《联邦党人文集》No. 81 (Lodge's Ed., p. 507)。

[10] 参见相关讨论,1 Cr. 137-53。

[11] 1 Stat. L. 112 ffg (Apr. 30, 1799).

[12] 1 Cr. 174.

[13] 6 Wheat. 264 (1821).

[14] 同上,395-402。

[15] 首席大法官坦尼(Taney)在 Gittings v. Crawford 中考察过这类上诉案件的有效性问题,见 Federal Cases,5,465。关于"马伯里诉麦迪逊案"所涉的宪法条款的准确含义,坦尼说:"该条款在'马伯里诉麦迪逊案'中唯一存疑的地方,就在于其授权部分的肯定性字段,以及它是否指明了在下一层级的同样事项上,该条款排除了下级法院相应的管辖权。"另可参见首席大法官韦特(Waite)在 Ames v. Kansas 中的发言,111 U. S. 449。

[16] 在"马伯里诉麦迪逊案"中使用到的先例,早前曾在其他案件审理被沿用过。参见 5 How. 176,1 Wall. 243,8 Wall. 85。

[17] Miss. v. Johnson, 4 Wall. 475; Ga. v. Stanton, 6 Wall. 50. 这些案件被撤销的理由,并不影响这里所主张的观点。

[18] 假设国会应当按照职权范围的规定,将州际引渡事务转交给联邦委员管辖;那么,必然会出现很多要求最高法院向

民政官员颁发强制执行令的情况。参见 Ky. v. Dennison, 24 How. 65。

[19] 7 Cr. 504 (1813).

[20] 6 Wheat. 598 (1821).

[21] 对这一规则更为牵强的应用,参见"商业条款"案(the "Commodities Clause" Case), 213 U. S. 366(1908)。

[22] Max Farrand, Records of the Federal Convention(Yale Univ. Press,1913):Ⅰ,97(格里),109(金);Ⅱ,73(威尔森),76(马丁),78(梅森),299(迪金森和莫里斯),428(拉特里奇),248(平克尼),376(威廉森),28(谢尔曼),93(麦迪逊);Ⅲ,220(马丁,in "Genuine Information")。《联邦党人文集》:Nos. 39 和 44(麦迪逊), No. 78(汉密尔顿)。Elliot's Debates (Ed. of 1836);Ⅱ,1898-9(艾尔斯沃斯),417 和 454(威尔森),336-7(汉密尔顿);Ⅲ,197,208,431(伦道夫),441(梅森),484-5(麦迪逊);Ⅳ,165(戴维)。P. L. Ford, Pamphlets on the Constitution,184(迪金森,in "Letters of Fabius")。Ford, Essays on the Constitution,295(叶茨,"布鲁图斯"篇)。平克尼后来在 1799 年

宣称:"我确信,在一个共和国内,没有任何议题比认为法官有权审查条约、普通法或国会立法的合宪性的论调更危险、更令人不安了。司法审查权缺乏宪法依据,是要将个别人的观点凌驾于国会两大机构之上。我希望,将来不要再有人鼓吹这一论调了。"Wharton's State Trails, 412, 转引自 Mr. Horace A. Davis, 载《美国政治科学评论》第551页。麦迪逊后来的观点下文有所述及。

[23] 戈勒姆,拉特里奇,伦道夫,艾尔斯沃斯和威尔森。

[24] 约翰逊,汉密尔顿,莫里斯,麦迪逊和金。

[25] 参见 McRee, Life and Correspondence of James Iredell, II, 169-76。

[26] Farrand I, 100, 106.

[27] 同上,II, 298。

[28] 21 How. 506, 519-20(1858).

[29] Elliot, III, 484-5.

[30] 同上,IV, 165。

[31] 参见 Horace Davis1913 年 11 月发表在《美国政治科

学评论》上的文章搜集的证据。不过,Davis 本人拒绝接受根据这些证据得出的明确的结论。对这种自相矛盾的态度的解释是,他将合宪性审查是否被视为是新制度的特征这一问题,混同于司法审查是否构成了对国会权力的有效限制这一问题。权利法案的缺失和"公共福利"及"必要且适当"条款的存在,使得美国宪法的反对者们要求法官不得介入国会的任何立法,并且国会权力至始不受限制。参见 Elliot,I,545;II,314-15,318,321-2;IV,175;另见 McMaster and Stone, Pennsylvania and the Federal Constitution, 467, 611;另见 Ford, Pamphlets, 312;尤可另见《联邦党人文集》NO. 33。

[32] 这一类似是很准确的。参见 Annals of Congress,I,cols. 473 ff'g,以及尤其是 cols. 481-2。

[33] The Courts, the Constitution, and Parties, pp. 6, 51, 55, 56.

[34] 瓦特尔法谚,"议会如果不彻底摧毁宪法权威的基础,就无法改变宪法"。这已成为革命之前马萨诸塞广为流传的老生常谈了。见 Massachusetts Circular Letter of 1768,载 Mac-

Donald, Documentary Source Book,146-50。将司法审查建立在革命权之上的观点,参见 Elliot, II, 100-06(Parsons in the Massachusetts convention),以及IV,93-4(Steele in the North Carolina convention)。另参见后注59。

[35] 在马萨诸塞早前的一起案件中,首席大法官帕克(Parker)就这一议题发表了非常睿智的见解。在此我不再重复这些观点。

[36] 麦迪逊最初在1788年就是采取这样的立场,参见 Letters and Other Writings, I, 195(1865)。关于他的看法,另可参见《联邦党人文集》No.49。

[37] Speech of July 11, 1832.

[38] Works (National Ed.), II, 122(Oct. 12, 1832).

[39] 关于政府构造学说的简明陈述来自亚伯拉罕·鲍德温(Abraham Baldwin)于1800年1月23日在联邦参议院的发言,见 Farrand,III,383。杰斐逊晚年的观点,参见 Writings(Mem,Ed.),XV,212 ffg。麦迪逊在任总统期间,表达过这样的立场,他说他会无差别地执行国会立法和法院的决定,参见

Am. St. Papers, Misc. II, 12(1809)。然而,杰克逊总统则被认为要情绪化得多,关于 Worcester v. Ga. (6 Pet. 515),他说:"既然是约翰·马歇尔做的决定,那就让他去执行好了。"参见 Greeley, American Conflict, I, 106。林肯在评价司各特案判决时表达的观点则刚好相反。麦克劳林教授赞同老吉迪斯·威尔斯(Gideon Welles)的立场,他力图"让格兰特(Grant)将军明白,如果某一法案违宪,那他就没有义务再服从这一法案。而格兰特则坚持,除非最高法院宣布这一法案违宪,他都有义务遵从它。这是每一个司法业外人士的义务"。不过,这些叙述最后还是归结到一个关键点,那就是,即便威尔斯也不能确定到底总统要不要服从最高法院的判决意见。参见 Diary of Gideon Welles, III, 176-80。关于威尔斯和格兰特对此问题的基本立场,我必须说,我更倾向于支持后者。遵从立法机构的决定,直到它们被宣布无效为止。——这可能是我们这个政治体制下的行政部门必然存在的危险之一。相反的做法只会造成无序和不负责任。班克罗夫特在他的 History 一书第350页(最新修订版)支持麦克劳林的观点:"最高法院对其司法管辖范围内的所有案件作出的判决,对于涉案各方当事人都具有终局效力,并且须由适格官员执行生效。但是,最高法院所作的宪法解释,则不能约束总统或国会。"这一观点在 ex cathedra 中明确表达;不过,就在3页之后(第353页),该观点又发生了实质性转变。塔夫脱总统和国会面对 Pollock v. Farmers' Loan and Trust Co. (158 U. S.)时,在收入税法案提交国会通过的过程中所持的立场,至今让人记忆犹新。

[40] 参见 C. H. McIlwain, The High Court of Parliament and Its Supremacy;以及 G. B. Adams, The Origin of the English Constitution。

[41] F. W. Maitland, Constitutional History, 255. 梅特兰曾表达过一个非常强势的观点,即,国王与议会的立法权从很早时期开始就是不受限制的。

[42] Cobbett, Parliamentary History, II, col. 335. 后文所引出自同一讨论。

[43] 8 Reps. 107, 118(1612).

[44] Savadge v. Day, Hob. 85(1615).

[45] 参见本人拙作"论司法审查的确立",载 Michigan Law Review 104-06。有关奥提斯观点的传播与影响,参见 Robin v. Hardway,Jefferson's Reports,114。麦克马斯特(McMaster)教授曾告诉我,北安普敦郡法院1765年在一起案件审理中宣布《印花税法》违宪。

[46] 5 State Trials 386 ff'g. (1653).

[47] City of London v. Wood, 12, Mod. 669(1701).

[48] 1 Comms. 91. 被霍巴特、霍尔特和布莱克斯通都讨论过的案件,涉及国会制定的授权某人成为他自己案件的法官的法案。霍巴特主张这一法案违反了自然法,因而无效;而霍尔特和布莱克斯通则认为这仅仅是一项自相矛盾的规定。这场讨论是由柯克勋爵关于戴尔庄园案件的意见开始的。该案涉及一项原则性授权某人享有庄园纠纷管辖权的国会立法。柯克认为这一法案不得适用于与庄园存在利益关系的当事人。参见8 Rep. 118-20。

[49] J. B. Thayer, Cases on Constitutional Law, I, 73-8; Brinton Coxe, Judicial Power and Unconstitutional Legislation, 234-

48.

[50] 有关宪法是革命的法的讨论,参见 Kamper v. Hawkins 的法官意见,Va. Cases 20,ffg.；另可参见马歇尔在"马伯里诉麦迪逊案"的判决意见书。有关政府排他性地享有治权的讨论,请参 Luther Martin 在"Genuine Information"中的批注；以及 Dr. Benjamin Rush 在"Address to the People of the United States"（1787）中的评论,载 Nile's Principles and Acts of the Revolution, 234-36。实际上,这一理念正是代议制政府的基础。

[51] 相关数据参见《联邦党人文集》Nos. 47 and 48。

[52] 早期州宪法中立法机构的地位,参见 Morey 所撰长文的详细阐述,载 Annals of the Am. Acad. of Soc. and Polit. Sc., IX, 398。另可参见 Davis,"American Constitutions",收于 Johns Hopkins University Studies, 3rd Series。

[53] 弗吉尼亚第一部宪法中体现分权学说的规定是这样表述的:"立法、行政和司法部门应当彼此分立,任何一部门不得行使属于其他部门的权力,任何人也不得同时享有分属两个部门及以上的权力。"另可参见新泽西第一部宪法,XX 条；北卡

罗来纳第一部宪法,XXVIII—XXX 条;宾夕法尼亚第一部宪法,23 节;南卡罗来纳第一部宪法,X 条。Thorpe, Am. Charters, Constitutions, etc.。

[54] 关于 17 世纪时期国会与普通法律的关系,参见 McIlwain, High Court of Parliament, etc., Ch. III 相关部分,尤其是第 109 至 166 页。如哈灵顿在《大洋国》中所说:"解释法律的权力,在任何时候,都只属于制定这一法律的主体。"(163 页)。另可见 Blackstone, 1 Comms, 160。关于殖民地时期的立法机构,参见 Works of James Wilson(Andrews' Ed.), II, 50;Minot, History of Massachusetts, I,29;Hutchinson, History of Massachusetts, etc., I, 30,II,250,414;15 Harvard Law Rev. 208-18;Massachusettes Acts and Resolves(to 1780), passim; Journal of Virginia House of Burgesses, passim。关于建国初期各州的立法机构,参见《联邦党人文集》Nos. 48 and 81,下文就这一主题对后者有所援引。另可见 Jefferson 的"Virginia Notes", 载 Works(Mem. Ed.)II,160-78;另参见 the Reports of the Pennsylvania Council of Censors of their sessions of Nov. 10,1783,and June 1,1784,载 The

Proceedings Relative to the Calling of the Conventions of 1776 and 1790, etc. (Harrisburg, 1825), pp. 66-128。另参见新罕布什尔州的 Langdon 在信中抱怨州议会否决法院判决部分,载 New Hampshire State Papers, XI, 812, 815, and XXII, 749, 756 (June, 1790)。关于马萨诸塞州 1780 年的宪法案例,参见 Acts and Resolves 中以下日期:1780, May 5, June 9, Sept. 19; 1781, Feb. 12, Apr. 28, Oct. 10; 1782, Feb. 13, 22, Mar. 5, 7, May 6, 7, June 7, 18, Sept. 11, Oct. 4, Nov. 2; 1783, Feb. 4, 25; Mar. 17, Oct. 11; 1784, Feb. 3; 1785, Feb. 28, Mar. 17; 1786, June 27, J'ly 5; 1787, Feb. 26, Mar. 7, J'ly 7; 1790, Feb. 25, 26, Mar. 9; 1791, Feb. 24。另参见 Kilham v. Ward et al., 2 Mass. 240, 251;以及 Proceedings of the Massachusetts Historical Society, for 1893, p. 231;以及 Story's Commentaries, 1367 条。更多证据可以在 Roger Sherman 最近关于宪法的一篇论文中找到,其他还有 Moore's History of North Carolina; Jeremiah Mason's Memories, etc.; Tucker's Edition of Blackstone (1802), the appendix; Plumer's Life of Wm. Plumer; 迄止 1842 年,罗德岛的司法案例;

在这个问题上,罗德岛议会的文献记录很有参考价值。另参见相关案例,如 Rep. v. Buffington, 1 Dall. 61; Calder v. Bull, 3 Dall. 386; Watson v. Mercer, 8 Pet. 88; Satterlee v. Matthewson, 2 Pet. 380; Wilkinson v. Leland, 同上, 657。通过对分权原则的一种全新阐释,相关司法实践被否定,下文对此有所梳理。另参见我关于"既得权"(vested rights)的论文。(12 Mich. Law Rev. 247-276.)

[55] 比如我们可想想杰斐逊在"Virginia Notes"(前文曾引用过)所说的话,他说,行政和司法完全没有必要去反对立法,因为"他们已经把相关程序转变为了国会立法,这就给其他分支设定了义务"。

[56] 参见制宪会议中,关于"州是《邦联条例》之下的主权者"这一条目的评论,载 Farrand I, 313-33, 437-79。另参见该作者所著 National Supremacy, Ch. III (Holt &Co., 1913)。反抗国会立法对私人(财产)权利的压制,参见麦迪逊在1786年对于州立法机构的详细评论,Writings (Hunt Ed.), II, 338 ffg。另可参见他6月6日在制宪会议上的发言,以及其后不断重申的"有

必要提供更有效的措施,以保障私人权利的安全与正义之分配"。这正是制宪会议讨论的主题之一。麦迪逊宣称,"干预前述权利与正义,就是本次制宪会议上最大的罪恶。大家不能意识到这一点吗？如果各州的某些机构滥用其权力的话,共和自由则无以为生。"另参见《联邦党人文集》Nos. 10 and 54。

[57] 参见杰斐逊在 Virginia Notes 中的辩护词,前文已引;另见 Rush's "Address",载 Principles and Acts, 234-36。

[58] 关于解放各州制定州宪的问题,参见 Davis 所论,收于 Johns Hopkins University Studies, 3rd Series, pp. 516 ffg。在一系列司法判决中,马萨诸塞州最高法院承认 1780 年州宪法的法律地位并加以适用,宣布奴隶制违宪。参见 G. H. Moore, History of Slavery in Massachusetts。文章作者在涉及司法审查这一议题时,好像没能意识到这些案件的重要意义。

[59] 新泽西的相关案件是 1780 年的"霍姆斯诉沃尔顿案",参见 Austin Scott 文章,载《美国历史评论》卷 IV,456 ffg。该案涉及陪审团的初审问题。州法院的审查意见对于议会的约束极为乏力。康涅狄格的案例是 1785 年的辛姆斯伯利案,这

是引发我关注"司法审查的确立"的起点。参见 Kirby(Conn.)，444 ff g。此案涉及既定权利问题。弗吉尼亚的案例是1782年的"英联邦诉卡顿案"（4 Call 5），此案的判决意见相当重要。然而，值得注意的是，本案中经常被引用的 Wythe 总督的那段文字针对的是法院面对议会中的一院越权时的职责，而非在议会两院获得通过的违宪法案。Trent 教授尽力想证明 Josiah Phillips 案是该案的先例(Am. Hist'l Rev., I, 444 ff g)，实际并非如此。对 Phillips 的判决有违常规，不是因为对他不利的判决依据的是《褫夺公权法案》；而在于他是英国人，所以不可能成为背叛弗吉尼亚罪的主体。这是杰斐逊后来不断重申的对案件的解释，他当时正是弗吉尼亚州州长。关于这一案件的关键性评论，主要得自这样一段文字，见 Tucker's Blackstone, I, 293（App.），cited by Haines, P.79。另可参见我的一篇论文，载9, Mich. Law Rev。罗德岛的案件是"特雷韦特诉威登案"。瓦尔纳姆说："依据法律进行裁判的权力，只属于法官。"新罕布什尔州的案件可参见 Plumer's Life 和 Jeremia Mason's Memories 中列举的相关案件，在此我不再援引，该案涉及既得权问题。如我在相关论文(9, Mich. Law Rev)中所言,"拉特格斯诉威丁顿案"标志着议会主权的胜利。

[60] Bayard v. Singleton, 1 Martin 42. 另参见前注25。W. S. Carpenter先生通过查阅当时的报纸发现,本案的判决时间发生在5月,正是费城制宪会议召开前的几天。

[61] 参见the Reports of the Pennsylvania Censors, 同前注54。关于立法权与司法权的权力界分的论断,最早来自殖民地的总督,因为他们意图限制前两者的权力。可参见Fletcher总督1695年4月13日提交给纽约议会的咨文:"法律只能由法官解释",载Messages from the Governors (of New York) (Lincoln, Ed.), I, 55。类似的涉及相同议题的市政咨文,参见同前,II, 250 (Apr. 27, 1786),以及IV, 532 ffg (Apr. 10, 1850)。关于司法权限的早期讨论,参见"贝亚德诉辛格尔顿案";以及"奥格登诉威瑟斯彭案"和"奥格登诉布莱克利奇案",评论见后。这些案件的相关评议,参见5 Cow. (N. Y.) 346; 99 N. Y. 463; 159 N. Y. 362。另参见Cooley, Constitutional Limitation (2nd Ed.), 173-5。

[62] 由"特雷韦特诉威登案"引发的反应,见 McMaster, History, I 338 ff g。同时,Wm. Plumer(1786)也写道:"很多公共事务的范围和界限都相当模糊不清……然而,即使是如今这样人心不古的时代,法院依然坚如磐石。"见 Life of Wm. Plumer, p. 166。正是从那个时候起,对司法部门的尊崇便已形成;其后,这成为联邦制度最显著的特征。这也最终演变成法官们自己所持守的一个信念,即他们是捍卫我们社会道德的守护者。参见 Henry Jones Ford, Rise and Growth of American Politics, 112-13。

[63] 参见宾夕法尼亚审查委员会反对现行州宪法的评论(Nov., 1783):"如果公民大会通过了一部违宪的法律,那么,法官就有义务反对它,同时还要尽快将其废止。"Loc. cit., p. 70。另可参考汉密尔顿的观点,见《联邦党人文集》Nos. 78 and 80。麦迪逊对于法院可以不受立法机构的约束,表现出极度担忧,见 Farrand II, 44-5。

[64] 参见 Secret Journals of Congress (Congress 1821), IV, 185-287; Journals of Congress(1801), XII, 日期为 1787 年 3 月 21

日与4月13日。另参见前引"贝亚德诉辛格尔顿案",以及 Writings of Jefferson(Mem. Ed),VI, 98。

[65] Farrand II, 73-80.

[66] 请注意谢尔曼在谈到国会否决权问题的发言,"国会否决权包含了一个错误的原则,即,如果与《邦联条例》相抵触的州立法不被否决的话,那么,它就可以生效并得以实施。"然而,正如后来新罕布什尔的 John Langdon 在8月23日所说:"他把国会否决权问题变成了是否该由州政府来审查美国宪法的问题。"参见 Farrand II, 391。"产生"条款于8月27日获得通过。

[67] Farrand, II, 93.

[68] Cf. sections 9 and 10 of Art. I.

[69] 请注意 James Wilson 在"Lectures"(1792)中发表的观点,他说司法审查是"制宪会议在立法和司法部门之间配置权力的必然产物",参见 Works (Andrew's Ed.), I, 416-7。

[70] 参见 Annals of Congress, I, col. 844。

[71]《联邦党人文集》No. 81。

[72] No. 40.

[73] Elliot, III, 484-5.

[74] 同注36,和其他弗吉尼亚精英一样,麦迪逊当时被州上诉法庭对议会立法的一项判决意见所激怒,这一判决给他们增加了新的义务,但没有涨工资。参见 the Case of the Judges, 4, Call. 139, ffg(1788)。这一案件在弗吉尼亚批准宪法大会上引发了激烈争议,参见 Monore to Madison, Nov. 22,1788: "Letters to Madison," MSS., Library of Congress。

[75] 该议题的讨论,参见 Annals of Congress, I, col. 473 ffg。

[76] 比尔德教授在他的 Supreme Court 一书中认为,所有投票给1789年《司法法》的人,在1787年制宪期间都支持司法审查制。这一论断并无太多创见。因为司法审查在那个年代是一个被广泛传播的社会共识。在费城制宪会议会期,关于司法审查的讨论倒是出现了几次波折,参见麦迪逊记录的里德、格里、威尔森和迪金森等人的发言内容。同时还可比较迪金森的"法比乌斯信札"(Letters of Fabius),以及莫里斯在1785年的

言论,见 Sparks, Life of Gouverneur Morris, III, 438。当然,这个名单很不完整。参加过费城制宪会议同时也支持1789年《司法法》的,还有艾尔斯沃斯、帕特森、斯特朗、巴西特和部分起草法案的参议员。罗伯特·莫里斯和里德也是参议员,麦迪逊、鲍德温和谢尔曼当时是众议员。然而,另一方面,霍勒斯·戴维斯(Horace Davis)先生在《美国政治科学评论》11月号中撰文提出,支持1789年《司法法》的那批人表示,他们并不相信最高法院有权审查国会立法的合宪性,除非这一问题是由州法院提交上来的案件引发的。如果我们仅仅是事后评论的话,假设戴维斯转向当初关于设立外交部的那场讨论,他应该可以发现后来都对1789年《司法法》投了赞成票的人中,至少有6人都拥护司法审查。同时,我也想问这样一个问题,州法院将其对国会立法的审查权视作宪法赋予其的司法权的内在组成部分,这一权力又是从何而来?很明显,莫里斯的错误,是他认为在1789年《司法法》第二十五条中,国会对最高法院授予了它本来不该有但事实上使之成为享有"司法权限"的特殊分支的权力。参见 Annals, II, cols. 1978, 1988。

[77]"《退休金法》案"的报道材料,收录于 2 Dall. 409; Am. St. Papers, Misc. I, 49-52; Annals of Cong., III, cols. 556-7; Annals of Cong., XI(7th Cong., 1st sess'n), cols. 921-5; U. S. v. Ferreira, 13 How. 40(note). 国会议员威胁要发起弹劾,这一判断主要来自于 Bache's General Advertiser(Camden, N. J.)的这段报摘(Apr. 20,1792):

"自从否决违宪法律的判决意见发布以来,'弹劾'一词还从来没有被如此频繁地使用过。游走于国会内外的成功人士以及他们那些卑躬屈膝的跟班所谈论的,除了弹劾,还是弹劾,仿佛国会裹着'永不犯错'的金钟罩——其实这件曾经披在教皇肩膀上的袍子早就被扯破了。凡是质疑国会决定正统性的意见都被视为该死的异端邪说,因为国会的权威可是赫然写在牛皮纸上的!但是,如果国防部长可以搁置或者推翻巡回法院的判决,那么,随便哪个军训教官或者黑人推销员为什么就不可以推翻陪审团的决定?除了军事法庭,为什么我们还要保留这些法庭?为什么我们不把所有的法律付之一炬?只需要留下战争条例就足矣……"

"但是,那些鼓噪要发起弹劾的人士被问及某一法律是如何被宣布为违宪的,他们会告诉我们,随便找一条什么司法惯例就可以宣判法案无效;就好像这些司法惯例能像股票投机商一样招之即来。"

非常感谢我的朋友 W. S. Carpenter 先生提供的这段报摘,他正在筹划一辑关于司法任期的专刊。

[78] 3 Dall. 171(1796).

[79] Annals, XI, cols. 925-6.

[80] 也就是在同一年,即 1793 年,最高法院拒绝了华盛顿向其提出的实施 1778 年美法协议的咨询意见的要求。其拒绝的理由正是严格基于法院的司法特征,见 Baldwin, American Judiciary, 33。在 1789 年设置外交部的讨论中,格里表达了这样的观点,即总统可以就宪法问题获得法官的咨询意见,同时,这些意见对国会也有一定约束力,见 loc. cit. col. 524。

[81] 1 Bay (S. C.) 93.

[82] Va. Cases, 20.

[83] 请注意 Nelson 法官下面这段话(该卷第 131 页):由

国会来决定它自己制定的法律是否有效,这必然是违宪的,"因为决定原告在现行法律之下是否享有某项权利,这显然是一个司法行为。"

[84] 对布莱克斯通影响的介绍,参见 Zephaniah Swift, The System of Laws of Connecticut (1795), pp. 16-7,34-5,52-3。另参见律师辩护词,载 4 Halstead(N. J.)427,以及 1 Binney(Pa.)416。有一段明显缺乏诚意、只想为布莱克斯通辩护的哗众取宠的文字,见 Works of James Wilson (Andrews' Ed.), II, 415。另请注意马歇尔在 Ware v. Hylton 案中作为公诉人发表的一段陈述(3 Dall. 199,211):"司法当局无权质疑法律的有效性,除非宪法明确授予其这一权限。"

[85] 相关案件如 Calder v. Bull, 3 Dall. 386, 以及 Cooper v. Telfair, 4 Dall. 13。蔡斯法官在对上述案件的评述中,不甚情愿地承认了司法审查建立在自然权利和社会契约的基础之上。而在后一案件的评述中,他指出了一个值得玩味之处:司法审查来源于法官和律师双方观点的一致,1800 年如此,美国宪法通过时亦如此。

[86] 3 N. C. 404（1802）.

[87] 2 Cr. 272（1805）.

[88] 直到1803年,以下各州要么通过司法判决明确承认了司法审查原则,要么以司法判决附带意见的形式部分接受了这一原则:北卡罗来纳(1787),南卡罗来纳(1792),弗吉尼亚(1788,1793),宾夕法尼亚(1793,1799),新泽西(1796),肯塔基(1801),马里兰(1802)。肯塔基州1792年宪法第七条规定:"所有与宪法……相抵触的法律均告无效"。塞耶教授在其一篇论文中总结:"该条款实际是专门授权法官进行司法审查。"载7 Harvard Law Rev. ,129 ffg。但包含有同样条款的宾夕法尼亚州1776年宪法及马萨诸塞州1780年宪法并未因此而出现司法审查制。参见海恩斯(Haines)教授列出的经典案例表,载Prof. Haines' volume, pp. 90 ffg。另参见宾夕法尼亚最高法院1790年12月22日向州长米夫林(Mifflin)提出的观点,认为根据新宪法免去某些官职值得注意,得出这一观点的理由是基于这样的言下之意,即"我们认为宪法与议会立法的效力是等同的"。见 Pa. Archives, 1st ser. , XII,36。

[89] MacDonald, Select Documents, 148-60; Elliot, IV., 528-32,540-45.

[90] H. V. Ames, State Documents on Federal Relations, 16-26.

[91] Writings(Hunt's Ed.), VI, 341-406.

[92] 杰斐逊和贾尔斯(Giles)最初的观点是国会立法不可推翻,但在经过与卡洛琳的约翰·泰勒对话后,他们转变了观点。得出这一结论,主要基于 Breckenridge MSS 的一些文献资料,W. S. Carpenter 先生在 Judicial Tenure in the United States 一书的相关论题中对此有所提及。

[93] Annals of Cong., XI, cols. 26-184(Senate), cols. 510-985(House). 肯塔基的布雷肯里奇最初并没有攻击司法审查,见 loc. cit. 92-9;但他后来开始大力推动反对司法审查制,见前引 178-80。在参议院,有两位议员拥护废除司法审查(布雷肯里奇和北卡罗来纳的斯通),另外两名参议员(佐治亚的杰克逊和马里兰的莱特)则赞同司法审查。在众议院,弗吉尼亚的伦道夫、北卡罗来纳的威廉姆斯和弗吉尼亚的汤姆森拥护司

法审查,肯塔基的戴维斯和马萨诸塞州的培根依据部门平权理论站在妥协中立的位置上。但有五位议员,佛蒙特的史密斯、马里兰的尼科尔森、宾夕法尼亚的格雷格、北卡罗来纳的霍兰德、马萨诸塞的瓦尔纳姆,至少以暗示的方式表示赞同司法审查。他们的发言很容易通过索引找到,其中尤以伦道夫和培根的最有参考价值。参议院中有七名议员反对废除已占上风的司法审查,参见纽约的莫里斯、佛蒙特的希普曼(Shipman)的发言。众议院中十五名议员响应这一倡议,载入文献的评论主要来自北卡罗来纳的斯坦利和亨德森(Henderson),南卡罗来纳的拉特里奇,康涅狄格的达纳(Dana),见 Cols. 529-30,542-3,574-6,754-5,920,932。其他一些著名言论还有康涅狄格的戈达德(Goddard)和格里斯沃尔德(Griswold),宾夕法尼亚的亨普希尔(Hemphill)。贾尔斯的反应很有意思。在 1791 年关于第一银行的讨论中,他这样回应国会通过建立"北美银行"方案的观点,"这个法案绝不可能获得司法判决的批准"。换言之,司法判决才是合宪性的最终检验标准。但是,到 1804 年,我们发现他主张国会有权弹劾宣告其某一法案违宪的法官。见 J. Q.

Adams, Memoirs, I, 321 ff g。

[94] 1 Cr. 165-6.

[95] McCulloch v. Md., 4 Wheat. 316(1819).

[96] Miss. V. Johnson, 4 Wall. 475(1867).

[97] 尤可参见 John Chipman Gray's Nature and Sources of the Law。

"马伯里诉麦迪逊案"的起航*

——《"马伯里诉麦迪逊案"与司法审查原则》解读

徐 爽 | 文

一

一百年前,美国宪法史名家、彼时刚晋升普林斯顿大学麦考密克讲席教授不久的爱德华·考文在《密歇根法律评论》上发表了一篇论文,题为《"马伯里诉麦迪逊案"与司法审查原则》(下简称《马伯里案与司法审

---

* 本文为编者为《"马伯里诉麦迪逊案"与司法审查原则》所撰之介绍及评论,首发于《政法论坛》2014 年第 3 期,略有改动。

查》)[1]。这篇论文在英美学界注重考据、写作战线往往拉得过长以至一文成书之风甚浓的学术氛围下,算不得大论文。论文讨论的议题也只有一个,非常集中,即违宪审查的法律依据。考文发表此文时,正值其学术上升期。"司法审查之确立及来源"这一问题,对这位宪法研究者及政治学家来说,是他观察、理解并阐释其对美国宪法和宪制认识所必须迈过的一级台阶,同时,也是他早期宪法研究着力甚深的关键性问题。

早在这篇论文发表的四年前,考文就已写过相同主题的论文《论司法审查的确立》。而《马伯里案与司法审查原则》一文发表不久后,考文又将它收入同年出版的《司法审查原则:法律、历史渊源及其他》[2],并且作为这本自编论文集的首篇重要论文。在前后四年乃至更长的时期中,考文对司法审查问题一直念兹在兹,这篇文章正是考文持续发力、不断推进已有研究的产物,可以说代表了考文对司法审查之形成与合法性来源这一问题的结论性研究成果。时隔百年,今日的读者再读前贤经典,不难发现作者从那个著名的案例出发,几乎是把司法审查放在历史显微镜下去考察其法律依据。难怪考文同时代及后世研究者,如詹姆斯·塞耶(James Thayer)、亚历山大·比克尔(Alexander Bickel)、劳伦斯·却伯(Laurence Tribe)、基斯·威廷顿(Keith Whittington)、索迪里奥斯·巴伯(Sotirios Barber)等人,在讨论司法审查问题时,无一不会引用这篇20世纪早期奠基性质的论文。他们都从这篇论文中获取了多样的启发和线索,比如部门结构学说、部门功能论、司法至上主义。一篇经典论文就是这样,不仅提出了"有意义的问题",展现了对问题的洞见;还因其思想方法所溢出的更多智慧,点燃后来者继续探索的激情与灵感。

二

司法审查,即司法的合宪性审查,在美国经过法院、尤其是最高法院的司法实践,已凝成具有特定意旨的机制,其一般原理是指在审理一起具体案件的背景中,法院有权力拒绝执行另一政府机构的法律,其依据是这部法律与宪法要求相悖。[3]司法审查原则及制度,现被视为最具美国特色的一项制度安排。由司法审查进而发展为司法至上,更是被沃伦法院直言不讳地称为"我们宪法制度中不可或缺的特征"。[4]然而,在美国社会奉行多数原则的民主氛围下,自从司法审查确立之日,甚至在更早前,最高法院的法官们、宪法学及政治学研究者们就被赋予了论证其合法性的责任,甚至不妨叫做使命。考文的论文就是要来完成这一使命。

《马伯里案与司法审查原则》一文发表后,考文在该文的导语中特别强调,关于司法审查权的本质,"我是想把司法审查视为立法权加以复审的产物。司法审查之确立,是对早期各州立法机构滥用立法权作出的反应……唯有创制宪法的制宪会议第一次真正意识到了司法审查的价值。"[5]应当说,美国制宪是现代国家建制中最为独特的政治实验。从独立战争后以至整个邦联时期,对立法权加以制约这一政治理念逐渐兴起;及至制宪年代,此一理念已成获得普遍认同的社会共识。前溯至英国宪政传统,通过议会限制王权而实现多数的意志,被认为能防止暴政。而到了美国国父们在费城坐下来为这个国家建立一个"良好政府"时,他们的母国所奉行的政治原则受到了更严格的质疑和诘问。制宪代表担心,多数的意志没有制度制约的话,是最容易、最有可能演变出暴政的。他们把希望寄托在所立新宪身上,认为"宪法应该是解释法律的标准,不论哪里出现明显的反对意见,法律都应该服从宪法。"[6]他们用写在羊皮纸上的最高法律来限制"过去曾经……制作坏立法的机构"[7],这就是成文宪法的一般理论。不但如此,在具体制度安排上,根据这个思路,制宪代表们认为,立法、行政、司法三个政治部门中,法院作为唯一有权解释宪法的部门,享有对立法的合宪性审查权,并默认该权力存在于宪法的一般性原理中,或者就是宪法的普遍原理之一。这可以说是考文考察司法审查权之合法性基础问题的一个基本立意。但问题并没有就此终结。对立法进行合宪性审查,这是分权制衡原理在政治实践中的必然要求;但哪个机构有此权威可进行审查?在美国政制框架中,为什么偏偏是最高法院享有对宪法的最终解释权?这和最高法院何以享有对国会立法的司法审查权其实是同一个问题。同样是在对《马伯里案与司法审查原则》一文的导语中,考文如此继续追问,"有一个附带性观点,也是一个非结论性观点,认为司法审查建立在一个原则之上,即违宪的立法即使通过了相应程序,依然不能成为法律,也永远不会成为法律。但是这个观点忽略了一个关键性问题,就是,为什么这样的立法措施面对的是司法审查(而非行政否决或别的什么审查)?"按照哈耶克所概括的英美政治、社会发展的"进化论式的理性主义"理路,作为抽象概念的"司法审查",与作为历史经验的"司法审查"往往存在多重的"视域融合"(fusion of visions)。由此,面对这个理论难题,我们只能从司法审查得以确立的特定历史场景中寻找答案。这就意味着需要回到马歇尔,回到"马伯里诉麦迪逊案"。这也是为什么考文考察司法审查的法律基础要从马歇尔对马伯里案的判决开始的原因。

三

考文考察司法审查的法律依据,是以马歇尔审马伯里案为起点的,这也是前文所讲考文将他的论文题为《马伯里案与司法审查》的缘故。以今人之普遍认识,大抵将马伯里案视为"司法审查第一案",认为马歇尔通过马伯里案确立了最高法院的司法审查权。这样的观点,即使在一百年前,也是相当强势的。但是考文在其论文一开篇,就指出了这一强势观点的虚弱。他说:

"那种认为最高法院凌驾于国会立法之上的权力是从'马伯里诉麦迪逊案'得来的,这一观点明显不合逻辑。"[8]马歇尔固然是美国司法史上最伟大、最具开创性的法官,他借助马伯里案的判决,开创了最高法院审查国会立法的先例,这一事实也不假;但这一事实并不足以构成司法审查之合法性基础。因为将司法审查权归结为马歇尔通过马伯里案"抢"来的这一看法,太过激进,而且将问题简单化。我们不能想象,一项得到这个国家持久尊重,并视为不可或缺和"最为独特"的政治原则及机制,仅仅是某位大有作为的法官在党派斗争和权力角逐中经由偶然事件所篡夺的"战利品"。

考文切断了马伯里案与司法审查之间因为事件意义上的"耦合"而被人为建立起来的"因果"关联。为能更充分地证明自己的这一观点,作者直接开始进入到对马歇尔判决意见中存在的漏洞的分析。考文认为,马歇尔判词中存在的首要问题是他对宪法第三条第二款第二段规定的解释是否正确。宪法第三条第二款规定了司法权的适用范围和联邦最高法院的具体管辖权限,如哪些类型案件可以接受初审,哪些类型案件只能接受上诉审理。其中第二款是这样规定的,"涉及大使、公使及领事以及州为一方当事人的一切案件,最高法院具有初审管辖权。对上述所有其他案件,不论法律方面还是事实方面,最高法院具有上诉审管辖权,但须依照国会所规定的例外和规章。"宪法条文对最高法院的初审管辖权和上诉管辖权进行了划分,其中初审管辖权所覆盖的案件采用了"肯定性列举"的方式加以规定,上诉管辖权则及于前述列举之外的"所有其他案件"。宪法条文做如是规定,字面意思再清楚不过。但该条一进入司法实践领域,便出现太多值得推敲的问题。比如,对最高法院初审案件的肯定性授权规定是不是必然只能从排他性的角度来理解和适用?此外,初审管辖权和上诉管辖权的范围是否绝对互斥?允许出现例外情况吗?这些都是问题。马歇尔在判决意见中认为,对于最高法院司法权的分配,必须也只能严格依照宪法的规定,此处没有任何空间"留待立法机关根据其意志处理"。由于宪法在"授予最高法院初审管辖权的条款没有包含任何否定的或限制性的词语,所以,只要法律条文没有具体列举在司法管辖权范围里的案件",[9]这些案件都应当不在最高法院的初审管辖范围内。初审管辖权和上诉管辖管权的范围不能交叠,某一案件要么属于初审管辖的范围,要么属于上诉管辖的范围,非此即彼,不存在第三种可能。按照宪法三条第二款,最高法院只对"涉及大使、其他公使和领事案件,以及一方当事人为州的案件"行使初审管辖权。综上,最高法院虽确认上届政府对原告的治安法官一职的任命完全合法但无权颁发强制执行令。然而考文说,马歇尔在马伯里案中的推理模式和原则在其后的案件审判中被抛弃。在1821年科恩兄弟案中,马歇尔对这个"州为一方当事人的案件"进行了上诉管辖,并称"宪法授予最高法院的初审管辖权并不必然否定对上诉案件的管辖权"。[10] 由此,考文评价道,如果要想科恩兄弟案中的这一规则与马伯里案确立的规则相一致,要么得修改宪法第三条第二款规定中的限定词,要么就面临推翻马伯里案逻辑链的窘境。[11]

此外,就算马歇尔对于宪法关于最高法院管辖权的解释能被接受,判决意见是不是就可以避免错误了呢?考文继续纠问马歇尔据以作出判决的前提的合法性。考文认为,马歇尔在本案中的判决意见建立在"他认为1789年《司法法》的立法原意及必然后果扩大了最高法院的初审管辖权"[12]这一前提之上,而这一前提本身是有问题的。案件的实质争点在于,马歇尔认为根据宪法规定,最高法院无权颁发强制执行令,而《司法法》却规定"最高法院有权在法律原则和(司法法)惯例许可的案件中,对以合众国名义任命的法院或公职人员发布强制执行令"。由此,国会立法超出了立法的限制而违宪。

考文从普通法司法实践的角度,分析了强制执行令的性质。他认为强制执行令类似于人身保护令或者禁制令,是一种法院行使司法权的补救措施,而非扩大司法管辖权的工具;并且,考文举证说,这一原理事实上于最高法院在数年以后,审理一起与马伯里案类似的案件时,得到承认且加以适用。[13]因此,从国会订立《司法法》第十三条的立法意图来看,并不能说这一立法措施僭越了宪法对国会的授权以及宪法对司法权的界定。

至此,考文总结,对于马伯里案,最高法院原本完全可以依据宪法第三条第二款第二段的规定,"径直"判决因为原告提起的诉讼程序存在瑕疵而无法最终满足其诉求。然而,历史却是,马歇尔大法官——这位创造了历史的人——得出同样的判决结果却"绕道"走过了漫长而迂回的法律推理之路。考文在其论文第一部分,用大量篇幅分析马歇尔在马伯里案判决中的推理模式,实际上是解构了马歇尔的逻辑链。通过考文这一路"穷追猛打",我们可以看到,马歇尔作出的这个斩钉截铁却又不需要任何人"执行"的判决,实际上只需要通过审查最高法院对此案是否享有管辖权这一程序问题即可完成;而马歇尔在判词中阐明的只有法院才能认定什么是国家的最高法律、因而实际上宣布了法院是宪法的最终解释者这一规则,无疑是被大法官巧妙地嵌入本案判决中的对这个国家的未来具有深远影响的伟大"发明"。所以,考文独具慧眼,一针见血地指出,在马伯里案中,最高法院"本来没有正当理由来寻求其自身对国会立法所享有的特权";但是,它"选取了一个以退为进的姿态,表面上放弃行使宪法未授予的权力,实际为自己赢得了一个获取至高大权的机会"。[14]这句话实际已经勘破了马伯里案判决的要害。不过,考文随即又提醒读者,千万不要忘了马伯里案判决所处的特定的政治历史时期。我们对于这一案件判决的理解,必须要考虑以杰斐逊派为首的民主共和党人在国会、总统大选中全面获胜这一点。最高法院对于重大案件所做的判决,从来不仅仅是狭义的司法判决;从马歇尔大法官开始,最高法院作为美国宪政中的政治参与者,无论其"积极司法",还是"自我谦抑",其重要判决总是在影响、指示这个国家未来政治和社会发展的风向。

考文说,如何来认识判决推理的漏洞或者"模糊地带"?把这个案件置于当时的政治背景和制度初创的历史时期来考察,你会发现,马歇尔所做的判决,部分源自激烈党争,部分源于政府分支的权力分配和政治原则的确立。马伯里案必须置于更大的背景之下,其宪政意义方能显现。马歇尔在马伯里案判词中就宪法的最高法律地位、国会立法权的界线、法院何以有审查法律的权力等问题所作的长篇论证,坚定地阐明"宪法是一国至高无上的根本法"、"违宪的法律不是法律"、"阐明法律(宪法)的涵义毫无疑问是法院的职权"等一系列宪法原则,这样一些看似与判决结果没有直接关联,且审判逻辑链上有些模糊的环节,正是大法官政治智慧的高度体现,它们为论证最高法院享有司法审查权提供了足够充分的理论铺垫和权威注脚。伟大的判决从来不是法条与事实间的简单推演,而是对政治现实和制度需要作出的明智回应。所以,考文剖析马伯里案漏洞,清理逻辑链,当然不是意在推翻大法官的判决意见,恰恰是为了更全面地恢复马伯里案及其判决的真实的复杂性,使得读者对司法审查之确立的法律与历史基础有更深入的认知。考文在论文末尾,作了这样的小结:实际上,早在马伯里案之前,法院行使法律解释权、宣布违反宪法或"共同理性的"法律无效,在各州司法实践中亦不乏先例;而司法审查问题在1787年制宪会议上得到最充分讨论,成为经过反复验证的会议共识。同时,在美国建国早期,关于司法审查的讨论从未间断,赞同或反对的观点也时有摇摆,但在总体上仍然倒向司法审查的合法化。正是马歇尔对马伯里案的审理,以其明确的司法判决的权威性,终结了这场持续已久的讨论,最终确立起法院的司法审查权。[15]至此,虽然考文在论文一开篇即否定了马伯里案与司法审查之间的因果关系,但最终还是肯定了这一案件在司法审查制形成、发展进程中的"地标性"意义;并且肯定说,尽管案件判决存在一些"问题",但马歇尔的表现绝非"越权之举"。说到底,法学家与大法官未尝不是惺惺相惜,甚至考文日后还以马歇尔为主线,专门写了一部后者执掌联邦最高法院三十年的传记。[16]

四

既然是要找到司法审查权的法律依据,那么,最权威的依据必然是去查找该权力在宪法中的"出处"。然而,司法审查权在美国联邦宪法中找不到任何明文规定,因此,考文只能根据宪法关于司法权的规定等条款按图索骥,去考察宪法原意。在文中,作者逐一分析了美国宪法界定司法权的第三条第二款和宣示宪法至上性的第六条第二款。宪法第六条第二款规定:"本宪法和依据本宪法所制定的合众国法律,以及根据合众国的权力已缔结或将缔结的一切条约,都是全国的最高法律;每个州的法官都应受其约束,即使州的宪法和法律中有与之相抵触的内容。"考文在文中指出,这一条款中的"最高法律"和"依据"字段,可以视为宪法授权最高法院审查国会立法的依据之一。[17]因为这一条款宣示了宪法相对于国会立法的至上性,明确国会之行使立法权制定法律,必须以宪法为依据;而各州的法官在适用法律规则进行判案时,如果国会制定的法律与宪法相抵触,法官必须适用宪法而抛开法律。这一条款所宣示的宪法至上性可以体现在两个层面。其一,宪法在全国法律渊源中的至上效力,即宪法高于国会立法,国会制定的"合众国法律"须以宪法为依据。这实际上是宣布了宪法高于任何立法机关的普通立法的原理,也是与英国不成文宪法传统相区别的成文宪法的真正基础。[18]其二,宪法在州司法体系中的至上效力。基于其一,在联邦体制中,宪法至上性不光在联邦层级,同时还需在州一级司法实践中得到体现,这就为州法官设定了选择法律规则的义务。考文在论文结尾处再次重申,司法审查的合法性基础是由"宪法是可由法院加以适用的法"这一原理所提供的。[19]宪法规范在司法领域获得普遍尊重,并经由法院加以适用,这就是我们今天所称的"宪法司法化"或者"宪法的司法适用性"。宪法至上,最终依赖于司法机关的宪法适用才能获得制度上的保障。我们今天来看这一条款,其内在逻辑是非常清晰的。宪法至上需通过宪法的司法适用方能得到最终实现,而宪法的司法化又使法官成为宪法的最后守护者,最终导致法院在权力系统中获得"最后发言权",并形成司法至上的格局。由是,马歇尔法官在马伯里案判词中提出的那个重大难题,已经由这一条款预先给出了答案。马歇尔说:"当某个法律与宪法相违背时……法院必须做出决定:要么不考虑宪法而适用法律,要么不考虑法律而适用宪法;法院必须适用这些相抵触的规则中的一个来解决这个案件。"[20]现在,按照宪法第六条第二款,我们完全可知,法院在此情况下必须"不考虑法律而适用宪法",这就是成文宪法加诸法官的义务。同时,在普通法司法传统之下,法官"适用宪法"的过程,必然也包含"宪法解释"和"司法复审"等法律适用技术。由此我们可知,司法审查正是宪法第六条"宪法至上"在司法领域加以适用的必然结果。到这里我们也知道,在成文宪法开创的"新制度"与普通法司法传统的双重背景下,大法官明知故问的这个问题,正是为了引出这个蓦然回首、藏在宪法条文中的"佳人"。"解释法律就是司法职责的实质"。[21]不过,我们也可以看到此一宪法条文作为司法审查依据的尴尬之处,即该条文是对州一级法官设置的义务,州法官可以行使司法审查权乃是从该条款中推导得出的结论,且该条并没有明确指向联邦法院的法官。如果将这一条文放回到整个宪法文本的语境中,则此条规定除了导出司法适用的结果,更多的还是意在强调宪法之下联邦法制的统一性,遏制州权主义的过度膨胀。

所以,考文在论文中又说:"在宪法第三条中,有一处规定与司法审查更为紧密。"在现今大多数美国宪法学教科书及法学课堂上,宪法第三条已被公认为司法审查权的"宪法依据"。该条规定:"司法权的适用范围应该包括由于本宪法所产生的一切案件。"毫无疑问,涉及国会立法之合宪性的案件当然也在"由于本宪法所产生的案件"范围内,由此,司法审查权得以"溜进"宪法第三条中。但是,考察第三条,这一"产生"字段的立法原意是在阐明宪法的法律性,至于其扩展了司法权的内容并将违宪审查也涵盖进来,如考文所言,是该条文的"一个伴生性结论"。[22]

坦白说,考文基于宪法条文与司法审查之间的关联所做的推演多少有些令人困惑,这也更进一步证实了"司法审查缺乏宪法明文授权"的定论。但是,考察宪法关于司法权的第三条规定,以及宣示宪法至上性的第六条规定,绝对是必要的,因为当我们不是把宪法条款割裂开来,囿于某个条款的字面涵义,而是将这些原本具有内在关联的宪法条文整合在一起,才能完整地拼出宪法为这个国家所设计的具备理性和反思、免于偶然与暴力的"良好政府"的蓝图,重新发现制宪会议在制定第三条时的立场和美国宪法的"原初意图"。

五

美国是现代世界第一个成文宪法国家,同时又承袭了英国的普通法传统。完整的美国宪法不仅包括成为"宪典"的宪法文本,还包括蕴涵其中的若干宪法原则。在这个意义上,我们对于美国宪法的理解,也就不能局限于宪法条文,而应从宪法的整体结构和总体精神上来把握和推断。

由此,尽管授权最高法院进行司法审查的宪法条文显得模糊不清,不够完整,但考文有足够证据断言司法审查权就存在于制宪会议代表们坚信的宪法一般性原理中。得出这样的结论,当然不是凭一己偏好妄猜圣人"心法",考文的论证路线正是典型的原旨主义宪法释义。"原旨主义的目标不是要猜测宪法批准会议代表的主观意图,而是去寻找能够说明文本含义之客观意图的证据。"[23]如考文本人所言,尽管过去年代的历史记录不够完美,但我们也没有什么理由认为历史证据总体上是极度缺乏的。美国从建国早期就确立了一个传统,凡国会辩论,议员们的发言都会记录在案并加以保存,制宪会议这样的宪法大讨论更是有案可查。《法兰德联邦制宪会议记录汇编》保存了费城制宪的主要议程。此外,《联邦党人文集》、反联邦党人文论、各州批准宪法大会上代表的论战、国父们的书信往来等,都记录下了建国早期政要们关于司法审查问题的思考。考文调动大量文献资料来考察制宪会议代表们对于司法权及司法审查的构想,得出司法审查原则是制宪代表们普遍信奉的宪法一般性原理。不仅如此,制宪会议的代表中,很多人亲历过美国革命,熟谙英国及欧陆政治哲学,这样的社会背景使他们在达成共识时能顾及美国社会的民情(mores),并且有能力引导社会意识。所以,考文进一步得出结论:制宪代表们所认同的司法审查原则,本身也不过是当时人们普遍流行观念的一个自然产物。这就为司法审查原则找到了牢固的社会基础和来源。这一观点,在后来其他学者的论证中得到印证。哈佛法学院的拉乌尔·伯格(Raoul Berger)教授即认为,在宪法制定时,人们都普遍认为司法部门应当享有违宪审查权,而且当时流行的看法认为违宪审查权乃政治理论的一个功能,这个观点也促成了宪法的制定,不过它未必在宪法文本中有明确的体现。[24]考文在《马伯里案与司法审查》中对此的解释是,因为司法审查是制宪年代被普遍接受的共识,制宪者们认为这一原则已经接近政治公理的性质,因此没有必要再"画蛇添足"地诉诸宪法的字面规定,不过,这终究还是成为宪法条文中司法审查权明确授权欠奉的软肋。

六

如果说马歇尔法官在马伯里案的"小题大做"使最高法院获得了司法审查权,由此奠定了美国宪制的独特品格;那么,考文对司法审查权法律依据的考察,则明显是"大题小做"之举。拨开司法审查的迷雾,背后现出的是美国宪法构建的整套制度安排。考文对司法审查的法律基础这一问题如此执着,正是因为他深知司法审查机制是撬动美国宪法宣称的"法律上的至上性"的杠杆,也是使得整个美国宪制葆持动态平衡的"关节"所在。他着眼的是最高法院的司法审查,在意的是依宪法形成的分权制衡架构及其运行。

出于对权力专制化倾向的本能的警惕,制宪会议关于这个国家基本政治架构的设定,本质上是限权理论的制度化产物。宪法将主权在联邦和州层面上进行地域性划分,设定了联邦和州权力的边界;在水平政府一级,又将权力在立法、行政、司法三支间作出功能性划分,并且在各层级、各部分权力机关间架设了很多隔离栏和缓冲区。法院被赋予的司法审查权,在这样的二元多级体系中得以充分发挥限权与制衡的功能。

当麦迪逊向费城制宪会议提交的《弗吉尼亚决议》中,由国会否决州议会立法的议案被否决后,这意味着对制定法进行的审查只能落到法院身上。考文在文中引证,小州提出的最终解决方案是"联邦宪法在每一州内亦是最高法律,由州法院加以适用"[25]。从这里面,我们可以看到前引宪法第六条的立法意图:制宪者们是想依靠州司法部门来维护联邦的完整和统一。我们需要再回顾制宪的历史背景,宪法之被召唤,正是出于挽救危在旦夕的各主权州组成的邦联体制的需要。州和地方政府独立于联邦是制造分裂和动荡的渊薮,是导致美国现行体制容易出现"支离破碎趋势"的病因。在麦迪逊的议案被否决后,毫无意外地,强调宪法和全国性法律的最高性并通过法院系统来实现这种最高性,正是一个有效的规制州和地方政治参与者的机制。在早期州一级法院实践这一机制的基础上,马歇尔通过一系列案例,将司法审查的权限不断"上移"到联邦司法系统,直至马伯里案由最高法院正式启动了这一审查机制,"最高法院有权对州制定法的合宪性进行司法审查就成了联邦政府可以使用的、用以监督独立的州政府的首要机制"。[26]在19世纪,联邦司法机关通常被视为国家化的机构,反映国家的利益以及从国家的角度对抗各州。事实确是如此。通过国会调查的数据,我们看到,纵观最高法院的历史,它在几乎1100个案件中宣布州和地方的法律无效,而针对国会的制定法,只是在150多个案件宣布无效。[27]在联邦与州的二元架构中,司法审查代表了国家维度,最高法院通过这一技术性操作,实现了解决州际纠纷、维护联邦至上的功能。

而在联邦政府一级,宪法在三个部门之间也作出了分权制衡的设计。立法、执行和司法三机关都有其独立的合法性来源,有其背后支撑力量,有自我保护和反制机制。相较于英国宪制凸显"议会至上"的特点,国父们尤其强调司法权的作用。汉密尔顿在"六论司法"的系列时文中,反复重申要把司法权"交给分开和独立的机构"[28],并指出因法院蛰伏于立法机构和执行机构之外,在权力运作序列中占据"较后的位置",从而具有"终局发言权"。按照汉密尔顿的观点,首先,"司法完全独立,是限权宪法的独特基本内容",限权宪法就是要对议会的立法权作出种种限制,以防止民意代表背叛人民;"而在实践中,要维持这些限制,除了通过法庭这个机构,没有别的办法。法庭的职责,在于宣布所有违背宪法公开旨意的立法无效。"[29]由是,法官不光独立于议会、摆脱议会的控制,还能审查、废止议会制订的不恰当的立法,其作用"不仅在于对那些已经通过的立法错误加以节制,而且起一种制约功能,使议会不能通过错误立法;议会里的那些人,只要意识到这些障碍的存在,使他们的企图难以得逞,会遇到法庭的详察细审,就会对自己的意图加以收敛。这种格局,是慎思的结果,能对我们的政府,产生更大的影响。"[30]在立法与司法两权的竞赛中,议员运用意志,而法官运用判断;在信奉理性与经验的盎格鲁—美利坚传统中,后者无疑拥有天然优势。考文在《马伯里案与司法审查》中也谈到了这个问题:"立法机构在通过一部旨在调整将来情形的法律时,是否应受制于法院基于过去案件而作出的宪法解释?在我看来,对这一问题的回答当然是确定无疑的。"[31] 由此,我们看到,美国宪法设置的分权制衡机制通过法院的司法审查被"激活"了。三支政府部门之间的竞争与合作构成了美国政体的基础,而这种政体需要一种平衡和监督力量来维持。司法审查的必要性,就在于美国宪法是三权制衡的;反过来讲,三权制衡又产生了对司法审查的需要。如果没有"审查",三权制衡的态势就不可能动态维持。所以,当代宪法学家劳伦斯·却伯直言,没有司法审查(或者说司法至上),国父们所设计的这种宪制将土崩瓦解,"美国政治体制中平衡的系统"将不复存在。[32] 可以说,司法审查就是内嵌于美国宪政架构的必然要求,以至于总是倾向于不作正面回答的考文会罕有地以明确无误的方式断言:"这就是宪法的一部分。"[33]

七

司法审查制度的确立与维系是一个持续的过程。

一方面,自马伯里案至今,司法审查已成为美国宪制不可或缺的特征及最富美国特色的政治司法制度;另一方面,反对司法审查的暗涌激流从来平息,考文也说,对司法审查合法性的质疑,即使在宪法制定的那个年代就已经不是新问题了。司法审查权并非一劳永逸。强调司法优位或司法至上的人之所以频繁回顾马伯里案,就是为了证明最高法院享有的这项特权是由历史分配的,以消解针对司法审查合法性来源的种种质疑。[34] 司法审查权的盛衰起伏,恰恰反映了美国政治审慎和民主化的品格。

从二十世纪六十年代起,比克尔教授提出的"反多数难题"[35] 似乎成了问倒最高法院司法审查合法性最强有力的命题。在最新一轮为司法审查进行辩护的浪潮中,学者们从对话民主理论中找到了优化司法审查的功能与正当性的依据。[36] 从对话式民主的观点来看,司法审查的存在,不仅不会导致反多数难题,反而可以促进民主决策过程的能力。在审查人民代表制定的法案时,最高法院不是作为人民代表的代理人,而是以制定、批准宪法者的代理人身份——宪法把法律解释权排他性地授予了法官,而法官被认为是唯一能明白法律是什么的人——参与到这个协商、讨论的政治议程中来。对话式民主的目的并不要求得到某个大多数人确定的决定,而是要将更多的政治参与者纳入到协商议程中,并强化民主决策的能力。所以,最高法院也同样是协商程序的守护者。司法审查为司法部门和立法机构搭建了一个对话平台,为个人权利保护与民主多数原则可能出现的争议辟出了一个解决通道。因此,这样一种政治解决方案留给我们的遗产,不在于它已经达到的目标,而在于它留给我们保持审慎的机会。

回顾美国宪政发展二百多年的历史,司法审查权自马伯里案确立以来,虽然一直被承认,但只是偶尔被启用,并且,司法审查也并不必然意味着对立法机构的否决。从长时段来观察,最高法院里占主导地位的政策观点,从来没有长期偏离在国家立法多数派里占主导地位的政策观点。[37]而另一方面,司法审查的至上权威之所以得以确立,从其运作的制度环境看,还源于立法、行政部门对最高法院宪法解释的尊重和承认。在依宪法建立起来的三角构架中,尽管最高法院只是安静地待在政治中心——国会和总统——之外的角落里,既无意志也无财权;但一旦它作出了司法审查的决定,其他政治部门都会服从大法官所做的最终裁决。也就是说,最高法院的宪法解释获得的终极权威,取决于其他政治参与者的服从与合作。所以,尽管考文在论文中曾批评麦克劳林教授所讲的"政府部门之间的互认是基于各方作出的妥协",事实上,在论文最末,考文借马歇尔之口,也承认司法审查原则的适用只是一个程度问题,它与尊重立法、承认行政部门的裁量权是并行不悖的。这恰恰是分权制衡体系的精妙所在。三权被置于同一个协商平台,共管国事,和而不同,斗而不破,各自意志得到一定伸展,又都能维系在既定的边界之内。所有政治参与者为了保存这样一个制衡体制达成了克制自身权力的共识,共同维系这套制度的平衡——这就是考文最终赞赏的政治部门的"妥协精神",也是限权宪法得以实现的观念支撑。

到今天为止,尽管司法审查的法律依据依然是一个宪法学研究领域的基本问题,来自政治部门、学术界以及大众媒体的反对声音仍然不时被听到;但基本上,人们对于司法审查的合法性来源已经不再争论。因为司法审查归根结底是一个实践问题。如果说马伯里案是促成司法审查得以最终确立的直接原因,权力分立观念是使其"入宪"的意识背景,宪法关于合众国最高法、司法权的规定为其提供了法律规范来源,那么,司法审查自建国早期以来存续了200多年的历史本身,已经使其具有了无可撼动的合法性地位。如今,司法部门和学术界的注意力集中在"如何理解宪法条文"这一问题上，这促进了宪法解释理论与实践的不断发展。然而，对于宪法条文的解释，也没有什么唯一正解。所以，问题又回来了，在对宪法条文的各种解读中，最高法院所做的解释和司法判决是必须服从的。睿智如马歇尔者，不知是否已预见到马伯里案的起航所开辟的这条美国宪制之路。如果说宪法是美国政治生活的《圣经》，在"上帝已死"的今天，最高法院作为最权威的"释经者"，其宪法判决俨然成了圣餐中的饼与酒，考文终于忍不住发问："这些祭品是不是已经变为基督的血与肉？！"[38]

---

[1] 见本书中《"马伯里诉麦迪逊案"与司法审查原则》。

[2] Edward S. Corwin, *Doctrine of Judicial Review: Its Legal and Historical Basis and Other Essays*, Princeton University Press, 1914, V.

[3]〔美〕基斯·威廷顿，《司法至上的政治基础：美国历史

上的总统、最高法院及宪政领导权》,牛悦译,北京大学出版社2010年版,第6页。

[4] Cooper v. Aron, 358 U. S. 1, 18(1958).

[5] 同2。

[6] 〔美〕汉密尔顿、麦迪逊、杰伊,《联邦论:美国宪法述评》,尹宣译,凤凰·译林出版社,第81篇,第558页。

[7] 同6。

[8] 同1。

[9] 马歇尔大法官的判决意见,见北大法学院司法研究中心编:《宪法的精神:美国联邦最高法院200年经典判例选读》,黎军译,中国方正出版社2003年版,第17页。

[10] 同1。

[11] 同1。

[12] 同1。

[13] 同1。

[14] 同1。

[15] 同1。

[16] Edward S. Corwin, *John Marshall and the Constitution: a Chronicle of the Supreme Court*, Yale University Press, 1919.

[17] 同1。

[18] 同6。

[19] 同1。

[20] 同9。

[21] 同9。

[22] 同1。

[23]〔美〕基思·惠廷顿,《宪法解释:文本含义,原初意图及司机审查》,杜强强等译,中国人民大学出版社2006年版,第149页。

[24] 同23,第168页。

[25] 同1。

[26] 同3,第13页。

[27] 来自Congressional Research Service的数据资料,请参3,第114页。

[28] 同6,第81篇,559页。

[29] 同6,第78篇,536页。

[30] 同6,第78篇,539页。

[31] 同1。

[32] 转引自3,第15页。

[33] 同1。

[34] 参见3,第11页。

[35] 比克尔在1962年出版的《最小危险部门》中,明确地提出了对司法审查合法性的质疑。他认为,司法审查允许非民选的法官否决民意机构制定的立法,这实际上是背弃了人民通过他们选出的代表所表达的意志,司法审查由此被定义为"我们制度中的一股反多数力量"和"美国民主政体中的一个异数"。A. Bickel, *The Least Dangerous Branch: The Supreme Court at the Bar of Politics*, Yale University Press, 2 edition, 1986.

[36] 参见 John Hart Ely, *Democracy and Distrust: A Theory of Judicial Review*, Harvard University Press, 1980; P. Hogg and A. Bushell, the Charter Dialogue between Courts and Legislatures, 35 *Osgoode Hall Law Journal* 75, 1997。

[37] 同3,第45页。

[38] 参见 Edward S. Corwin, *Court over Constitution: a Study of Judicial Review as an Instrument of Popular Government*, Princeton University Press, 1938。

案件译名表

Ableman v. Booth 阿伯曼诉布思案

Bayard v. Singleton 贝亚德诉辛格尔顿案

Bowman v. Middleton 鲍曼诉米德尔顿案

Calder v. Bull 卡尔德诉布尔案

Chisholm v. Georgia 齐泽姆诉佐治亚州案

Cohens V. Virginia 科恩兄弟诉弗吉尼亚州案

Commonwealth v. Caton 英联邦诉卡顿案

Cooper v. Telfair 库珀诉特尔费尔案

Dr. Bonham's Case 伯纳姆医生案

Dred Scott Case 司各特案

Eakin v. Raub 伊金诉罗布案

Emerick v. Harris 埃默里克诉哈里斯案

Giddings v. Brown 吉丁斯诉布朗案

Green v. Biddle 格林诉比德尔案

Hayburn Case 海本案

Holmes v. Walton 霍姆斯诉沃尔顿案

Hunter v. Martin 亨特诉马丁案

Kamper v. Hawkins 坎珀诉霍金斯案

Martin v. Hunter's Lessee 马丁诉亨特的租户案

McClung v. Silliman 迈克朗诉苏利曼案

McCulloch v. Maryland 麦卡洛克诉马里兰州案

McIntire v. Wood 麦金太尔诉伍德案

Ogden v. Blackledge 奥格登诉布莱克利奇案

Ogden v. Witherspoon 奥格登诉威瑟斯彭案

Osborn v. the Bank 奥斯本诉银行案

Prigg v. Pennsylvania 普里格诉宾夕法尼亚州案

Robin v. Hardaway 罗宾诉哈德威案

Rutgers v. Waddington 拉特格斯诉威丁顿案

State v. Parkhurst 州诉帕克郝斯特案

Streater's Case 斯特里特案

Symsbury Case 辛姆斯伯利案

Tassell's Case 塔沙尔案

Trevett v. Weeden 特雷韦特诉威登案

United States v. Hylton 美国诉希尔顿案

United States v. Peters 美国诉彼得斯案

Van Horne's Lessee v. Dorrance 范霍恩的租户诉多兰斯案

Winthrop v. Lechmere 温斯罗普诉赖齐米亚案

Worcester v. Georgia 伍斯特诉佐治亚州案

Writs of Assistance Case 协助搜查令案

图书在版编目(CIP)数据

司法审查的起源/(美)考文(Corwin, E. S.)著;徐爽编. —北京:北京大学出版社,2015.2
ISBN 978-7-301-25410-3

Ⅰ. ①司… Ⅱ. ①考… ②徐… Ⅲ. ①司法监督-起源 Ⅳ. ①D916.3

中国版本图书馆 CIP 数据核字(2015)第 018140 号

书　　名	司法审查的起源
著作责任者	〔美〕爱德华·S.考文　著　　徐　爽　编
责任编辑	柯　恒
标准书号	ISBN 978-7-301-25410-3
出版发行	北京大学出版社
地　　址	北京市海淀区成府路 205 号　100871
网　　址	http://www.pup.cn　http://www.yandayuanzhao.com
电子信箱	yandayuanzhao@163.com
新浪微博	@北京大学出版社　@北大出版社燕大元照法律图书
电　　话	邮购部 62752015　发行部 62750672　编辑部 62117788
印刷者	北京中科印刷有限公司
经销者	新华书店
	880 毫米×1230 毫米　32 开本　8.25 印张　99 千字
	2015 年 2 月第 1 版　2015 年 2 月第 1 次印刷
定　　价	35.00 元

未经许可,不得以任何方式复制或抄袭本书之部分或全部内容。
版权所有,侵权必究
举报电话:010-62752024　电子信箱:fd@pup.pku.edu.cn
图书如有印装质量问题,请与出版部联系,电话:010-62756370